霊性神学入門

小高 毅

教文館

目次

装幀　熊谷博人

序論　「修徳・修行論」から「霊性神学」へ

近年、わたしたちローマ・カトリック教会に属するキリスト者としてよく用いる言葉に「霊性」という言葉がある。いわく、「わたしたちの霊性とは何か」、「その霊性を生きているのか」等々。そのような場合、修道会に属する者であれば、その修道会の創立者の霊性、あるいはそれ以後伝統的に培われてきた「霊性」が問題とされている。例えば、わたしの場合、フランシスコ会という修道会に属する者であるので、創立者のアシジのフランシスコの霊性、フランシスコ会の霊性が問題となる。ということは、カトリック教会においては数多くの修道会が存在するが、それぞれが固有の霊性を問題とすることになる。例えば、ベネディクト会の霊性、シトー会の霊性、トラピスト（厳律シトー会）の霊性、アウグスチノ会の霊性、ドミニコ会の霊性、カルメル会の霊性、イエズス会の霊性、サレジオ会の霊性等々である。しかも、同じフランシスコ会でも、フランシスコ会（O. F. M）、コンベンツアル・フランシスコ会（O. F. M. Conv.）、カプチン・フランシスコ会（O. F. M. Cap.）と別れて発展してきたことから、フランシスコに端を発する霊性としては共通点を持ってはいるが、それぞれ独自の霊性が語られる。もちろん、これだけではない、これらの修道会の「霊性」とは別に、信徒の「霊性」、あるいは司祭の「霊性」といったことが近年では語られている。

ところが、この「霊性」という言葉が頻繁に用いられるようになったのは、第二ヴァティカン公会議（一九六二―六五年）後のことのように思われる。ではそれまではどうだったのか。よく用いられたのは「修徳」という言葉であった。この「修徳」という語はラテン語の「アシェティカ」の訳語である。「アシェティカ」という語は辞書には「苦業」「克己」の意味と記載されている。さらにこの「アシェティカ」という語はギリシア語の「アスケーシス」にさかのぼるが、これは「練習」「訓練」「鍛錬」の意味と記載されている。

「徳」とは何か

では「徳」とは何を言うのだろうか。かつて用いられていた洗礼志願者のための教本である『カトリック要理』を見ることにしよう。そこには次のような定義が掲げられている。「徳とは、善を行い悪を避ける習性である」（一五四）。ここで「習性」と訳されたラテン語は「ハビトゥス」である。これはギリシア語の「エトス」にあたる語である。徳と「エトス」すなわち「習慣」を結びつけたのはアリストテレスと考えられている。彼は、「同種の行為の反復によって習慣が形成され、一定の持ち前としての人柄が決まる」と考えた。またストア学派においては、「人間は徳を目指す自然の指向性をもっており、徳は魂の主導的部分が完成された状態であり、一度形成された以上は失われることがない」と考えられた（荻野弘之＝『新カトリック大事典Ⅲ』一三〇四頁）。

徳を習性とする考えは、第二ヴァティカン公会議の三〇年後の一九九二年に刊行された『カトリック教会のカテキズム』にも継承されている。そこでは、「徳とは善を行う堅固な習性である」（一八〇三）とある。また、「理性と信仰とに基づいてわたしたちの行為を統御し、情熱を秩序づけ、行動を導く、知性と意志との堅固な習性、安定した傾き、習性的な完全さ」として「人間的徳」を位置づけ（一八〇四）、賢明、正義、勇気、節制を「枢要徳」として提示している（一八〇五）。これはトマス・アクイナス（一二二五—一二七四年）の徳論を踏まえた記述である。トマスは『神学大全』の第二部でアリストテレスの基本的な考えを受け入れて徳論を展開している。彼によれば「人間的な徳は習慣であり、作用習慣であり、善い習慣である。徳はつねに善へと関係づけられている習慣であり、人間がそれを通じて究極目的である至福に到達するところの行為の根源である」。ただし、トマスはアリストテレスと異なり、完全な至福を「神の恩恵による注入徳」すなわち信仰・希望・愛に帰し、「自然本性を超える神への秩序づけが重視され、霊魂は自然本性的に恩恵への受容可能性を有していることが力説される。こうして、トマスは知性的徳と倫理的徳と注入徳の三つの段階で人間本性の高められる可能性を論じた。愛徳は諸徳の形相であり、諸徳のなかで最大である」（浜口吉隆＝『新カトリック大事典Ⅲ』一三〇五頁）。

こうして見るとトマスにおいてもパウロ以来の愛の優位が反映されていることが分かる。パウロは「遙かに素晴らしい道」として「愛」を提示し、「引き続き残るのは、信仰、希望、愛、この三つ。このうち最も優れているのは、愛」と言ってそれを結んでいる（一コリ一二・31—一三・13）。さらにパウロはガラテヤの人々に宛てた手紙の第五章で、「愛」を「他の徳の基礎あるいは源」として「霊の結ぶ実」の筆頭に挙げている。愛に続くのは「喜び、平和、寛容、親切、善意、誠実、柔和、節制」である（五・22―23）。ここで注目されるのは、「柔和、節制」といった聖書には登場せず、ギリシア哲学において重視された徳目を加えていることである。

九六年から九八年ころに書かれたと推定されるローマのクレメンスのコリントの教会に宛てた手紙の中にも、次のような描写が見られる。

「愛するものたちよ、用心したまえ、私たちが彼（主イエス・キリスト）にふさわしく歩まず、善行と徳行を御前で一致団結して行なうのでないなら、彼の多くの慈善が私たちへの裁きとなりはしないかと。……私たちのために血を流して下さった主イエス・キリストを敬い、私たちの上にいる指導者を尊敬し、長老たちを重んじようではないか。若者たちには神に対する畏れを教え、私たちの妻を善に導こう。彼女たちが、貞節という愛すべき良風を示し、柔和というまじり気なき意志を見せるように教えよう。そして彼女たちが舌の温和なることを沈黙ということで顕にさせるように努めよう」（二一＝小河陽訳、一〇一頁）

また、一四〇年ころにローマで著されたと考えられる『ヘルマスの牧者』には、信仰、節制、純心（誠実）、英知（博識）、無垢（素朴）、謹厳（純潔、高貴）、博愛（愛）という七つの徳が乙女の姿に擬人化されて登場する（第三のまぼろし、八・一―七）。

修徳の教師であるキリスト

アレクサンドリアのクレメンス（一四〇／五〇―二一一／一五年）の作品として『パイダゴーゴス』（教導）と題するものがある。この書の冒頭でクレメンスは、言（ロゴス）がわたしたちの救いを達成する方法を、第一に「回心させ」、次に「訓練し」、最後に「教育する」という、三重の方法で説明している。この第二番目の「訓練」の様を描写するのが『パイダゴーゴス』（教導）である。

ところで「パイダゴーゴス」は「幼年期の養育係」を言う。新約聖書では一コリント書四・15（ここでパウロは自分をパイダゴーゴスとしている）とガラテヤ書三・24―25（律法がキリストへ導くパイダゴーゴスであったとされる）に出てくる。バークレーは、「パイダゴーゴスは現代の教育体系の中に、正確に対応するものがない機能を有していた」ことを指摘したうえで、次のように説明している。

「パイダゴーゴスは私たちの言う教師ではない。その務めは子供を学校に毎日連れて行き、安全に到着したことを確かめ、子供の書物とたて琴を持ち、学校における行動を見守り、街頭における行動を監視し、道徳、礼儀作法、行動の訓練を行うことであった。子供が頭を垂れてけんそんに道を歩くこと、老人に道をゆずり、その前でつつましく口を閉じ、食卓でよい作法を行ない、優美に衣服をつけることを注意し、教えることであった。すべてのギリシア人のいうエウコスミア、すなわち良い礼儀作法、良い生活の行動と楽しみを教えねばならなかった。K・J・フリーマンは、パイダゴーゴスは、『乳母、従者、付添い婦人、家庭教師の混合である』と言っている」（『新約聖書ギリシア語精解』二五七―二六〇頁）

クレメンスは「パイダゴーゴスは実際的であって、理論的ではない。その目的は魂を向上させ、知識ではなく、徳のある人生に至る訓練を与えることである」と述べていることからも分かるように、このギリシアのパイダゴーゴスの務めを踏まえて、この語を用いている。もちろんここで問題とされる子供とは、洗礼によって贖われ、再生した者らのことである。言（ロゴス）は単に寛容であるだけでなく、厳格でもあるが、子供たちを教導するにあたって、基本的な原理とするのはここでも愛である。

本書を執筆している二〇一三年現在、ローマ・カトリック教会は「信仰年」を過ごしている。これは前教皇ベネディクト十六世によって布告されたもので、第二ヴァティカン公会議開催五〇周年を記念するものである。「信仰年」の開催を布告する自発教令『信仰の門』で教皇自身が述べているように、これには「信仰の深刻な危機」感がある。第二ヴァティカン公会議は「二十世紀を豊かにした最大の恵み」、「わたしたちに新しい世紀の歩みの方向性を与える確実な羅針盤」であり、「たえず必要とされる教会の刷新のため、力となることができる」ものである。とはいえ、そこで発布された文書は「適切に読まれ、教会の聖伝の中で、教導職にとって重要な規範文書として知られ、消化吸収される必要」があること、「正しい解釈法に導かれながら、公会議を解釈し、実施」されなければならないことをも教皇は指摘している（『信仰の門』七―八頁）。

第二ヴァティカン公会議の指針に従ってカトリック教会が大きな自己変革を遂げたことは事実として認められよう。しかし、その一方で「失われてはならないものまで失ってしまったのではないか」「失ってはならないものまで放棄してしまったのではないか」といった声も聞かれるのもまた事実である。「教会の世界や社会への影響力はかえって以前より低下したとの印象さえある。今日の教会に、二十世紀前半が示した深い霊性や神への信頼に対する信仰の深みを見出すことができるだろうか」（岩島忠彦＝『カトリック新聞』二〇一二年五月一三日号）との声さえある。

ここで先に指摘した修徳論として展開されたキリスト者の信仰生活における成長と完成がどのように説明され実践されてきたか、第二ヴァティカン公会議を契機にそれがどのような変化を遂げたのかを考察してみようと思う。したがって、まず第一部で、どのようにして修徳・修行論が形成されてきたか検証し、第二部において従来のローマ・カトリックの霊的生活に大きな変革をもたらすことになった第二ヴァティカン公会議と現代思潮からの影響を、最後に第二ヴァティカン公会議後の霊的生活における変化あるいは進展を考察することにする。

第一部

修徳・修行論の形成

この第一部では、ローマ・カトリック教会においてどのようにして修徳・修行論が形成されてきたかを検証しようと思う。それを「完徳への旅路」、「霊的婚姻」、「イエスの生涯の黙想・模倣」、そして聖人伝の果たした役割という観点からまとめることにする。ここではごく一般的なカトリックの信者が読んできた書物を紹介することでそれを考察する。したがって、現代でこそ高く評価されてはいるが、第二ヴァティカン公会議前にはあまり読まれてはいなかったギリシア教父の作品、たとえばニュッサのグレゴリオス（三九四年以降没）の作品は除くことにした。ただし、オリゲネス（一八五―二五四年）の作品はヒエロニムス（三四七―四二〇年）、ルフィヌス（三四五―四一〇年）によってラテン語に翻訳されていたこと、またクレルヴォーのベルナルドゥス（一〇九〇―一一五三年）が愛読し、その修道院では霊的読書として読まれていたことを考え採り入れている。これはあくまでも私見によるが、一般的に読まれていたとは考えにくい神秘主義的な著作、たとえばドイツの神秘主義的な作品は取り上げないことにした。

第一章　完徳への旅路

一　オリゲネス

出エジプトの旅路

完徳を目指しての修行の生活は、古来、荒れ野の道を行く「旅路」や神への上昇の旅路として「登山」になぞらえられてきたが、それを最初に書き上げたのがオリゲネスであった。オリゲネスの著作は砂漠の隠修士たちの間で愛読され、彼らに霊的指針を与えてきたが、その死後およそ三〇〇年後異端宣告されたことでその著作の多くは破棄されてしまった。しかし、ヒエロニムスとルフィヌスによってラテン語に翻訳されて存続することになった。ここで取り上げるのは『民数記第二七講話』である。我が国におけるオリゲネス研究の先駆的な著書『オリゲネス研究』において、有賀鐵太郎もこの講話の概略を示し注解している。この講話では民数記の三三章に語られるイスラエルの民がエジプトを出て約束の地に至る行程がまとめて記されている箇所が説明されている。この箇所は「理解するに困難で、朗読するに値しないと思われがちである」が、そこにキリスト者の霊的成長が示されているとオリゲネスは考える。それらの宿営は、福音の中で主が言っておられる（ヨハ一四・2）ように、父のもとに導く多くの宿営を示している。それらの個々の宿営には、どんな理由、どんな益があるのか理解するためには、ご自身について「わたしは門である」（ヨハ一〇・9）、「わたしを通らなければ、誰も父のもとに行くことはできない」（ヨハ一四・6）と言われた「来るべき代の父」（イザ九・6）によらなければならない。その方こそが、これらの個々の宿営において、個々の魂の「門」となってくださり、この方を通って中に入り、この方を通って出て行き、牧草を見出し（ヨハ一〇・9）、ついには父ご自身のもとにたどり着くことができるのである。その移動は誘惑との戦い、試練の連続でもあるが、完成の域に達する前に、荒れ野で主の掟によって訓練され、誘惑を通してその信仰を吟味される必要があるからである。こうして遭遇する様々な誘惑を克服して、誠実に耐え忍んで、生と信仰の誘惑を一つ一つ通り抜けて前進し、諸徳を増し加えつつ、諸徳の最高段階に達し、「彼らは徳（力）から徳へと進んだ」（詩八三・8［八四・7］）と記されていることが成就するのである。

オリゲネスは四二の宿営について詳細な説明を行っている。それはかなり膨大なものであるが、ここでの修徳の道程を要約すると、「利己的欲望によって支配され、神の忘却の内にある魂が、徐々にこの世から己れを解き放つものであり、そのためには悪霊たちと戦うことを覚悟しなければならない。だがそれはキリストの生涯に倣うことによってのみ達成されうるのである」。これがこの講話の、そしてオリゲネス的修徳修行の主要な根本思想であるとL・ブイエは指摘している（ブイエ『キリスト教神秘思想史1』一九七―一九九頁参照）。

旧約聖書の詩歌

さらにオリゲネスは旧約聖書全体にちりばめられている詩歌が霊的な成長の段階を歌っていると指摘する。

第一の歌は出エジプト記一五・1―18で、紅海を渡った後にモーセとイスラエルの人々によって歌われるものである。これは「主の力強い手（みわざ）を目撃し、主と主のしもべモーセを信じる」に至って初めて歌われる出発点となる歌である。

第二の歌は民数記二一・17―18で歌われる「井戸」の歌である。この井戸（神に関する知恵と知識の深さを象徴する）を穿ったのが司（預言者）や長（使徒）たちであったように「気高く高貴な魂」でなければこの歌を歌うことはできない。

第三の歌は申命記三二・1―43に掲載された「モーセの歌」である。ここには「非常に優れた、非常に偉大な」ことが語られている。

第四の歌は士師記五・1―31に掲載された「バラクの歌」である。これは勝利を得た後に歌われる歌である。

第五の歌はサムエル記下二二・1―51で歌われる「ダビデの感謝の歌」である。「ダビデが破り倒した敵とは何者か、ダビデが主の助けをいただき、それらの敵から救うに値するものと認められたのはどういうことか理解できれば」この歌を歌うことができる。

第六の歌は歴代誌上一六・8—36でアサフとその兄弟たちが歌った歌である。

これで切り上げるとすれば第七の、最後の歌が雅歌になる。しかし、次のように続けることもできる。

第七の歌としてイザヤ書五・1—7の「ぶどう園の歌」である。時代的には雅歌よりも後のものではあるが「その意味内容によって考慮されるべきである」と考えてのことである。

第八として、詩編からも取り上げなければならないが、少なくとも「段階の歌」（「上京の歌」）は取り上げられねばならない。それら「十五の歌それぞれの意義を考察し、そこに魂の進歩の段階を見出し、更に霊的解釈をほどこして、それを理路整然とまとめ、それによって、どれほど素晴らしい歩みで、それらすべての段階を通って、花嫁が花婿のねやにまで至るかを明らかに示すことができる」（『雅歌注解』序文＝邦訳、四九—五一頁参照）。

二　サン・ヴィクトル学派

サン・ヴィクトル学派とは、一一〇八年に、パリのサン・ヴィクトル聖堂に設立されたアウグスティヌス修道祭司者会修道院に属し、活動した人々を言う。十二世紀に盛期を迎え、アカルドゥス、フーゴー、リカルドゥス、アンドレアス、アダムといった人物が知られている。ここで取り上げるのはフーゴー、リカルドゥスである。

a　フーゴー

この学派の人々の中で最大の学者で「新アウグスティヌス」とも称せられたフーゴー（一一四一年没）の主著は『秘跡論』である。この書は西方ラテン神学において、洗礼、堅信、聖体などの、いわゆる秘跡について体系的に論じたものであるが、「一種の神学大全」であり、創造の業と回復の業とを救済史的な観点で総合したものである。修徳的な著作として注目されるのが『ノアの神秘的箱舟』である。

『ノアの神秘的箱舟』

本書の第一章において箱舟の基本構造が述べられるが、それによれば長方形の形をした三層からなり最下層から最上層に向かって段階的に小さくなっており、中央に一本の柱が立っている。この柱はイエス・キリストを表わし、箱舟は教会の象徴であることが第二章で示される。ここでわれわれにとって興味深いのは三層構造の比喩的解釈を通して「キリストにいたる道程が様々な観点から示される」第七章から第一〇章である。フーゴーは三層構造の箱舟の四隅には各層ごとに、十二の梯子が配されているが、それは神への上昇の過程を示すものであるとする。「それによれば、傲慢から脱却して上昇する者は恐れ‐嘆き‐愛、肉体的欲望を放棄して上昇する者は忍耐‐憐れみ‐良心の呵責、無知の状態を脱して上昇する者は認識－黙想－観想、情熱から上昇する者は節制－思慮－勇気という段階を経て神に向かって行く」のである（邦訳者による解説、二八五頁）。その後、第一一章から第一二章で箱舟の出入口の比喩的解釈を通して「この世の生から未来の栄光へと向かってどのようにして箱舟から出るかが述べられる」。第一四章では、神の民が「自然の法を表わすエジプトから、書かれた法という荒野を通って、恩寵という約束された地」へと向かう行程として四二の宿営地が列挙され、それらの解釈は別の作品で述べるとしている（訳注によれば、それが何を指すのかは不明）。邦訳者は「本書における箱舟の構造の描写と各部分の意味づけは、実際に図示されうるかは別として、読者に生き生きとした視覚的イメージを与え、それによって、最終的に読者を観想へと促し、神の認識へと喚起する手引きとしての役割を担っており、神へと至る神秘主義的道程において重要な意義を有していたと考えられる」（邦訳者による解説、二八五―二八六頁）と述べている。

b　リカルドゥス

このフーゴーの下で学んだのがスコットランド出身のリカルドゥスである。彼は一一六二年から没年の一一七三年まで修道院長を務めている。四〇近くの著作があるが、彼の神学的著書で最も重要なのが『三位一体論』である。この作品は彼の「円熟期の著作」であり、愛の交わりとしての三位一体論を展開している。ここでわれわれにとって興味深いのは『小ベニヤミン』と『大ベニヤミン』と呼ばれる作品である。前書は『観想への魂の準備』、後書は『観想の恩恵について』という表題で知られるものである。ここでは『小ベニヤミン』によって彼の修徳論を見ることにする。

『小ベニヤミン』

この表題となっている「ベニヤミン」とはイスラエル十二部族の祖となる族長ヤコブの末子である。リカルドゥスはユダからベニヤミンに至るヤコブの子らの誕生の次第を追って修徳の道を語るのである。まずヤコブの二人の妻、姉妹であるレアとラケルであるが、レアは「神の鼓舞によって燃え立てられた感情傾向」を、ラケルは「神の啓示によって照明された理性」を象徴する（四＝以下括弧内の番号は章を示す）。そして、レアとラケル、そして彼女らの侍女ビルハとジルパの子らは「徳」を表わしている。彼によれば徳とは「魂の、秩序づけられ統制された感情」である。「秩序づけられているというのは、当のものが、あるべきものを目指している場合」であり、「統制されているというのは、それがあるべき程度にある場合である」。彼女らの息子たちの出産は「根源的な七つの感情」の発現を示している。その七つとは「希望と畏れ、喜びと苦悶、嫌悪、愛および羞恥」である。これらはみな「秩序づけられたものでも無秩序なものでもありうる」。秩序づけられたもののみが善いものであり、その場合はヤコブの子である（七）。

最初に生まれるのは「畏れ」であり、次に「苦悶」、「希望」、「愛」と続く。これがルベン、シメオン、レビ、ユダの最初の四子である。畏れには必ず苦悶が付き従う。苦渋の中で悲しむ者は赦しという希望で慰められる。この慰めを与えるのは「パラクレートゥス」と呼ばれる聖霊である。すると、魂と神との間に親交が生まれ始める。こうして愛が生ずる（八―一〇）。レアの四番目の息子は「ユダ」すなわち「告白する者」と名づけられる。それは「真の愛はつねに告白するものだからである」。このユダによって「秩序づけられた愛、天のことどもへの愛、神への愛、最高善への愛」が示される（一二―一三）。

するとラケルには、「産むことへの願望、すなわち知ることへの探求心［情熱］が熱くなる。しかし、不可視のものへの観想へは直ちに入っていけないので、侍女を通して「表象」が生まれる必要があった。ラケルがそれを養子とするのは、表象には理性的なものと、そうではないものとがあり、それは理性によって躾けられなければならないからである。ビルハから生まれた二人の息子はダンとナフタリと名づけられる。「ダンには特に将来の罰［害悪］の熟視が関わり、ナフタリには来るべき善きことどもの想像が関わる」（一八）。この二人を通して二通りの熟視が示される。「ダン」すなわち「裁定」と呼ばれるのは「おのれの分別の裁量に従う」からであり、「罰を熟視することによって直ちに罪過の媚びを罰し、断罪する」からである（一九―二〇）。これに対して「ナフタリ」すなわち「対比」は「現在の善きものどもの多さあるいは大きさから、来るべき生のかの喜びがどれほど多く、あるいはどれほど大きいものでありうるはずかを見積もる」からである（二二）。ナフタリは、「しばしば［聖書に］叙述された事柄について構成された表象を通して、真なる理解」へと高められるのであるが、「肉的なものどもを霊的なことどもに混ぜ合わせること、そして、物体的なものどもを通じて非物体的なものどもを叙述することを知っている。そうすることで、そのいずれの本性を持つ人間」を活気づけることができるか知っているからである（二四）。

その後、レアの侍女ジルパを通して生まれる二人の息子、「幸福」を意味するガドと「祝福された人」を意味するアシェルは「禁欲の厳格さ」と「忍耐の力強さ」を表わしている。「繁栄の中にあっても節制して生きることを、また逆境にあっても忍耐を持つことを学ぶことなくして」、それに続く他のいかなる徳をも産むことはできないからである（二五―二六）。二人が生まれると「畏れ」を意味したルベンは外に出る。つまり、「主への畏れが自発的な禁欲と忍耐によってあらゆる服従に甘んずるまでに強固」になったということである（二八）。彼が見出す「恋なすび」は「良き評判」である。それをレアが手にするがラケルに請われて一部を与える。それは「理性が説きつけても虚しい賛美への欲求を抑制しない精神を、聖霊は実際、決して、後裔たる徳を産むべく多産にしはしないからである」（二九）。

これまでに述べられた徳が互いに助け合い平和が確立された時、レアにとって五番目の息子にあたるイサカル、「内なる喜び」と「霊的な甘美さ」が生まれる（三六）。すると「真に祝福された地」を大いに熱望し、その地のためにいかなる労苦に直面しても剛毅に耐え抜き、自分自身を殺すまでに剛毅な者となる（三九）。それと同時に、「すべての悪徳への憎しみ」が精神に生じる。それがゼブルンの誕生を意味する（四〇）。ゼブルンの後にデナが生まれるが彼女は廉恥心を表わしている。それは罪に対する赤面である（四五）。

この後、父親から最も愛されるヨセフがラケルから生まれる。ヨセフは「分別の徳」を表わす。分別は理性から生じ、すべての徳を監督し統制するものだからである（六七―六八）。「このヨセフによって魂は不断に教化され、そしていつしか十全な自己認識へと導かれて行く」。ヨセフのあと久しくして、「観想の恩恵」を表わすベニヤミンが生まれる。「それは、魂は、自己認識に関して長い間鍛錬され、十全に教化されたのでない限り、神の認識にまで高められることはないからである」（七一）。ベニヤミンが生まれるとラケルは果てるが、それは「観想へと奪い去られた精神は、人間の理性の衰微がどれほどであるかを経験するからである」。したがって、「誰も決して、論証によって自分がかの神的な光の輝きへと入り込むことができるなどと考えてはならない。誰も決して、人間の理性的思考によってその光を把握することができるなどと信じてはならない」のである（七四）。このことを示しているのがキリストの変容の場面である。天からの声を聞いた三人の弟子は倒れ込む。これは感覚と記憶と理性が力尽きたことを表わしている。「精神が自己を超えて奪い去られることで天上のことどもへと高められるとき、そのとき身体的感覚が奪い去られ、そのとき外的な事物の記憶が奪い去られ、そのとき人間の理性が奪い取られるのである」（八二）。

終わりに、理性を超えてはいるが、理性に反してはいない観想と、理性を超えており、かつまた理性に反している観想という二種類の観想について論じられている（八六）が、『大ベニヤミン』では、モーセの契約の櫃の神秘的な意味を説明しつつ、さらに区分されそれぞれ五種類と六種類の観想として論じられている。

三　ボナヴェントゥラ

このサン・ヴィクトルのリカルドゥスから大きな影響を受けているとされるのがボナヴェントゥラである。確かに、彼自身がしばしば言及するもう一人の人物、ディオニュシオス・アレオパギテスとともにリカルドゥスの影響は、修徳論のみならず三位一体論においても顕著である。しかし、ボナヴェントゥラにとってそれ以上に大きな位置を占めていたのが、彼の属した修道会の創立者であるアシジのフランシスコである。分量的には大部なものではないが彼の修徳論のみならず彼の全著作の中でも最高傑作、主著であると評される『魂の神への道程』はフランシスコがキリストの十字架の傷と同じ聖痕を受けたラ・ヴェルナ山で、彼の「生涯を思い起こし、その精神に立ち戻って、聖者の到達した最高の境地に至る道を示す」ことを目指していることからもうかがえることである。

ボナヴェントゥラは、一二一七年ころイタリアのバニョレジオに生まれ、一二三六年から四三年にかけてパリ大学に学び、一二四三年にフランシスコ会に入会している。一二五三年に教授資格を得て、一二五七年にドミニコ会のトマス・アクイナスとともにパリ大学の神学部の講座担当教授として認められている。しかし、その前年にフランシスコ会の総長となったことによってヨーロッパ各地の会員の住居を訪問して回ることになる。一二七四年、アルバノの司教枢機卿として第二リヨン公会議に出席しているが、その会議終了の三日前に死去した。

『命題集注解』『ブレヴィロクイウム』『ルカ福音書注解』等々の重要な作品があるが、ここでわれわれにとって興味深いのは、前述の『魂の神への道程』と『三様の道』『生命の完成』である。主著と目される『魂の神への道程』に入る前に、年代的にはやや後の作品と考えられているが『三様の道』と『生命の完成』について簡単に論述することにする。

『三様の道』

「愛の大火」とも呼ばれ、この後しばしば引用され多大な影響を与えることになる本書は、表題のとおり「浄化」「照明」「完成もしくは一致」という三様の道を描写する。この道は「倫理的」「比喩的」「神秘的」理解という聖書の解釈に対応するものであり、「浄化は平和に、照明は真理に、完成は愛に導くもの」であり、この三様の道に沿って訓練を積む方法も読書と瞑想、祈り、そして観想」の三つであり（序）、そのために用いるのも「良心の針、知性の輝き、知恵の火花」という三つである（一・2）。この三様の道は「罪の駆逐」「キリストの模倣」「花婿を迎えること」から成るとも説明される（三・1）。

浄化の道では、「罪を思い起こすことで、「良心の針」を磨き、自らを顧みることでそれを鋭くし、善を考えることでそれをまっすぐにしなければならない」（一・3）。「良心の針」を磨くには「差し迫る死の日、十字架の血、審判者の御顔」を考察することによる（一・7）。良心の針をまっすぐにするために考察すべき善とは、「怠惰に対する勤勉さ、欲望に対する厳格さ、惜しみない寛大さ、すなわち魂の優しさ」の三つである（一・8―9）。

第二の照明の道では、知性の輝きを「赦された罪に対して、与えられた恩恵に対して、約束された褒賞に対して」注ぐことで訓練がなされる（一・10）。ここで「注意深く、かつしばば考察しなければならないのは、『偽ることのない神』は、ご自分を愛する者たちに、ご自身においてあらゆる悪が除去され、すべての聖徒と交わり、あらゆる願望が成就されることである」。善の源である神は「ご自身のゆえに、すべてを超えて［神］ご自身を我々が愛し求めるなら、それほどの善に我々はふさわしいとみなしてくださるほどに善である」（一・14）。

第三の道では、知恵の火花を集め、燃え立たせ、吹き上げられるというようにして訓練される。つまり、「被造物に対するあらゆる愛着から愛情を引き戻すことによって集められ」、「花婿の愛へと愛情を向け変えることで燃え立たされ」、「感覚で捉えうるもの、想像されうるもの、［知性によって］理解されうるもの、これらすべてのものの上にまで吹き上げられなければならない」（一・15―17）。これは読書と瞑想を通しての三様の道である。

第二章では、祈りについての三つの段階、すなわち「悲惨を嘆き悲しむこと」「慈しみを切願すること」「崇敬をささげること」がそれぞれ三様に説明される。そして、第三章では、観想を通して真の知恵に到達する三様の道、すなわち、それぞれ七つの段階を経て、神の憩う「平和の睡み、真理の輝き、愛の甘美さ」に到達することが説明される。以上のことは、著者自ら次のように要約している。

「第一に、浄化の道は次のように区別される。破廉恥な行為のゆえに赤面するがよい。審判のゆえに恐れおののくがよい。損害のゆえに呻くがよい。治癒のために執り成しを切願するがよい。敵対する者のゆえに唆しを屈服させるがよい。褒賞のゆえに殉教をあえぎ求めるがよい。陰に包まれるためにキリストに近づくがよい。

照明へと導く段階は次のように区別される。苦しんでおられるのは誰なのか考察するがよい。そして、信じつつ［自らを］虜とすること。苦しんでおられるのはいかなる方か［考察するがよい］。そして、共に悲しみつつ、［自らを］苦々しく思うこと。苦しんでおられるのはどれほど偉大な方か［考察するがよい］。そして、啞然としつつ驚嘆すること。いかなる理由で苦しんでおられるのか［考察するがよい］。そして、信頼しつつ感謝すること。いかなるかたちで苦しんでおられるのか［考察するがよい］。そして、後に従いつつ同化すること。どれほど多大な［苦しみ］であるか［考察するがよい］。そして、燃え立ちつつ抱擁すること。この［苦しみ］の結果として何が生ずるか［考察するがよい］。そして、知解しつつ観想すること。

一致の道は次のように区別される。花婿の迅速さのゆえに、警戒があなたを注意深くさせる。花婿の［到来の］確実性のゆえに、信頼があなたを力強くする。花婿の甘美さのゆえに、欲求があなたを燃え立たせる。花婿の崇高さのゆえに、忘我があなたを高く挙げる。花婿の美しさのゆえに、法悦があなたを鎮める。花婿の愛の満ち溢れる豊かさのゆえに、歓喜があなたを酔わせる。花婿の愛の強さのゆえに、付着があなたを結び合わせる。こうして、献身に徹した魂はその心のうちで常に主に対して次のように言うようになる。『わたしはあなたを捜し求めています。あなたに希望をかけています。あなたを慕い求めています。あなたへと昇っていきます。あなたをお迎えします。あなたのうちに喜び踊っています。そしてついにはあなたに結ばれます』」（三・8）

『生命の完成』

本書は修道女に宛てて書かれた霊的指南書である。七つの章から構成されており、「本当の自己認識」「本物の謙遜」「完全な貧しさ」「沈黙と寡黙」「祈りに対する熱意」「キリストの受難を思い起こすこと」「神への完全な愛」について論じられ、最後に「諸々の徳を完成するもの」「功績を育むもの、報酬を仲介するもの」としての「堅忍」について論じられる。

『魂の神への道程』

先に言及したようにボナヴェントゥラはこの著作を、ラ・ヴェルナ山でフランシスコが聖痕を受けたときの幻視、すなわち十字架にかけられたキリストが六つの翼をもつセラフ（熾天使）の姿で現れた幻視の考察から書き上げたのであるが、その間の状況を、「この奇蹟について深く考えてみますと、直ちに次のことがわたしにわかりました。すなわち、かの幻視は、師父自身が観想中に宙に浮いて脱我の状態にあったことと、そこに至る道とを示唆しているということです」（序・二）と記している。さらに続けて言う、

「といいますのは、かの六つの翼によって、照明による上昇の六つの段階が確かに考えられうるからです。つまり、魂は、この段階を、あたかも何かの階段を上るかの如くにあるいは道程を行くかの如く通って準備され、遂にキリスト教的知恵による脱我的恍惚によって平和に到達するのです。ところで、道は十字架にかけられたお方への熾烈な愛による以外ありません。……この階梯は被造物を出発点として神にまで導いていきますが、神にまでは、十字架にかけられたお方によらないならば、誰も正当には到達しえないのです」（序・三）

そして、このような観想のためには準備が必要である。それは「心の嘆きをもって呻吟させる祈りの叫び」と「最も直接に、そして最も激しく（神的）光の輝き」へと精神を向かわせる観照である（序・三）。その血によって悪徳の穢れを清めてくれる、十字架のキリストを通じて祈り嘆かなければならないのである。

さて、観想の六つの段階であるが、セラフの翼が対をなしているように、神の被造物である森羅万象、神の像としての人間の精神、そして神そのものという三つの場を「通して」、またそれに「おいて」、「アルファ」としての神、「オメガ」としての神が観想されることで六つの段階を構成することになる。この六つの段階に対応するものとして人間に与えられている能力が「感覚、想像力、理性、知性、覚知、良知」の六つである。これらの能力は「我々のうちに、自然本性によって植えられ、罪によって損なわれ、恩寵によって修復されてあるが、それらは」キリストであるところの

「正義によって浄められ、知識によって鍛錬され、知恵によって完成されねばならない」（一・6）。

ところで、神そのものを観想する場は旧約の神殿の至聖所にたとえられ、その二つの段階は契約の櫃の上のふたりのセラフィム（智天使）にたとえられ、そして第五の段階は旧約聖書に基づいて「在る者」、第六の段階は新約聖書に基づいて「善き者」という神の名称をめぐるものとなっている（五・一―三）。最後の段階を述べる第六章は「善なるもの」という名称のもとに三位一体の神を観想することにあてられている。この部分はボナヴェントゥラの三位一体の神に対する考えが凝縮している箇所としてしばしば引用される箇所でもある。

こうして最終段階に至った後、ボナヴェントゥラは次のように記している。

「我々の精神は、自己の外、痕跡を通し且つ痕跡のうちに、また自己の内に、像を通しかつ像のうちに、そして（最後に）自己の上に、我々の上に輝いている神的光の類似を通しかつその光そのもののうちに……神をしかと観た後に、被造物のうちにはそれに類似したものは決して見い出されえぬ事柄を、また人間知性のいかなる炯眼をも越える事柄を観照するまでに至ったのですから、残るところは、これらを観照しつつ、この可感的世界のみならず、自己自身をもまた超越して行くことです。この過ぎ越しの旅路において、キリストは『道であり門なのです』。キリストは梯子であり乗物であり、いわば神の櫃の上に置かれた贖罪の座にして世の初めより隠されていた秘義なのです。

この贖罪の座に真直ぐに向かい、十字架にかけられたお方を、信仰・希望・愛・崇敬・感嘆・賞揚・崇拝・賛美・歓喜によって見つめる人は、パスカ、すなわち過ぎ越しをこのお方と共に行い、かくして十字架の鞭によって紅海を渡り、エジプトから荒野に入り、そこで隠されたマンナを味わい、そしてキリストと共に墓の中で安らうことができるのです」（七・一―二）

「まさにこのこと」がフランシスコに示されたのであるとボナヴェントゥラは言うのであるが、被造界を通して、また被造界において神を観想することから出発して「善い方」である三位の神の観想に至る道程にも明らかにフランシスコの姿が投影されている。よく知られているようにフランシスコは『被造物の賛歌』あるいは『太陽の賛歌』において、「たたえられよ、わが主、あなたから造られたものみな、わけても貴き兄弟太陽によって、彼は昼をつくり、主は 彼により われらを照らす。彼は 大いなる光によって、美しく 照り輝き、いと高き あなたのみ姿を映す。たたえられよ わが主、姉妹なる月と あまたの星によって……」と歌っており、また残された彼の書き物の中で頻繁に出てくるのは神が「善い方」であるという思いである。それを表わすために、「あなたは善、全き善、最高の善」（「いと高い神への賛歌」）、「主よ、あなたは最高の善、永遠の善であり、あなたからあらゆる善は出て、あなたなしにいかなる善もありえないからです」（「主の祈りの釈義」）というようにさまざまな形容詞をつけているが、それでも表わしきれずにいるのが感じられるのである。

そして、ここに見られるキリストの中心性も、彼が「もうひとりのキリスト」と言われるまでにキリストに憧れ、キリストに倣い、十字架の傷を受けるまでになったフランシスコの弟子であることを示している。「あなたに最も大切な本は何か」とトマス・アクイナスに問われて、十字架を指し示したと伝えるエピソードも、単なる伝説であるとは言いきれないものを含んでいると言えよう。

本書の邦訳者は、本書の図式となっている魂の神への図式は、プラトン、そしてプロティノスの図式を採り入れたものであるとする見解を紹介し、それを借用してはいるが、「彼がここに表現しようとしているのは、新プラトン主義者の魂の上昇や一者への帰還ではなく、キリストの救済と神の恩寵によって三位一体なる神の生命に参与せしめられるキリスト教徒の魂の道程である。それゆえ、ボナヴェントゥラはプラトンやプロティノスの図式を援用しつつも、聖書から主たるインスピレーションを汲み、聖書に記された事績やシンボルをふんだんに用いてそれを表わそうとしている。また、この上昇の道程の構想は、アッシジのフランシスコの生涯を追体験し、その精神に思いを馳せている間に生まれたものであった」と述べている（解説、九九頁）。

振り返ってみると、これまで取り上げた魂の旅路について述べている著者たちはプラトン主義、あるいは新プラトン主義からの影響を受けていると指摘される人々である。彼らのプラトンとの関係を考えるとき、アンリ・ド・リュバクがオリゲネスについて述べた言葉を彼らの一人ひとりに適用することができると思う。彼はこう言ったのである、「オリゲネスは確かにプラトンからの影響を強く受けている。しかし、オリゲネスとプラトンの間にはキリストが立っている」。また、我が国のオリゲネス研究の先駆者有賀鐵太郎も次のように述べている。「それ故かれの生活を一言にして現わすならば、それは神を愛する生活であった。もとより神を愛するのは先ず神がわれらを愛し給うからであって、キリストによってその愛は啓示されている。その愛なる神に愛をもって仕えることがオリゲネスのキリスト教であった」（『オリゲネス研究』三五〇頁）。

四　アビラのテレサと十字架のヨハネ

a　アビラのテレサ

一九七〇年に教皇パウロ六世によって教会博士と宣言されたテレサ（テレジア）は、一五一五年に、スペインのアビラで生まれ、一五三五年にカルメル会に入会する。一五六〇年にカルメル会の刷新を思い立ち、一五八二年に帰天。一五六二年の『自叙伝』を皮切りに十数編の著作を著しているが、『自叙伝』と並んで重要なのが『完徳の道』『霊魂の城』である。ここでは『完徳の道』『霊魂の城』を見ることにする。

『完徳の道』

本書は最初に改革したカルメル会修道院の修道女たちのために書き下ろしたもの。主題は「念禱」であるが、それに先立って霊的生活に重要な三つのことを述べている（四―一五章）。第一は隣人愛である。それは「純粋に霊的な愛」でなければならない。それはイエスがわれわれに対して抱いている愛に似たもの、写しである。だから、あらゆる労苦は自分が引き受け、他人には、何も骨を折らずにその利益を受けさせようとするのである（七・4）。第二は離脱である。それは自分のためには何も残さず、われわれにとって一切である方、つまり創造主である神にすべてを差し上げることである（八・1）。第三は抑制である。大切なのは内面の抑制である。それは体が全く精神に従いきるまで自分の意志や望みを行なわないように努めるとき、少しずつ獲得できるのである。したがって、この生涯は「一つの長い殉教」なのである（一二・1―2）。

では、「念祷」とはどのようなものなのか。テレサは次のように記している。

「念祷か、念祷ではないかは、口を［あけているか、］しめているかで決まるわけではないと知らなければなりません。もし私が神とお話ししながら、自分のしていることを完全に意識し、唱えていることば自体よりも、神とお話ししているのだという事実のほうに、もっと注意が集中するならば、その場合、私は念祷と口禱とをあわせているのです」（二二・1）

こうして念祷と口禱とをあわせることを勧め（二二・3）、どのようにしたら口禱を完全に唱えることができるかを述べた後、最高の口禱として「主の祈り」の説明を展開している（二七―四二章）。

『霊魂の城』

テレサの作品の中でも最も円熟した傑作と評される本書では、霊魂を七つの部屋を持つ城にたとえて、内的生活の深化を描写する。この城に入る門は「祈りと考察」、換言すれば「口禱と念禱」である。城には七つの住居があるが、それは一列に並んでいるわけではない。王の住む部屋を中心に他の住居が周りからも上からも取り囲んでいる。第一の住居は無数の部屋からなり、光がほとんど届かない。そこに入り込んだ蛇や蝮が邪魔をするからである。世間のことにおぼれ、財産や名誉や仕事に没頭している霊魂の状態がこれである。第二の住居に進むには、それらを振り捨てねばならない。第二の住居では、前にも増す敵の攻撃にさらされる。世間の宝、現世の楽しみ、かつての名誉、友人知人との思い出、苦業に対する怖気などである。これから抜け出るには、十字架を武器とし、城の中心に近い人々に接近することによる。第三の住居に入ると、神に背かぬよう熱く望み、小罪さえ避け、苦業を愛し、隣人愛に励むようになる。ここで大切なのは何よりも謙遜である。第四の住居に至ると念禱の折りに喜悦と甘美を味わうようになるが、大切なのは「多く考えることではなく多く愛することである」（四・7）。第五の住居では、われわれの「すべての能力は、この世のことや自分自身にかかわることに対して眠って」しまう。「神においてもっとよく生きるために、この世にまったく死んでいる」、いわば「甘美な死」の状態にある。第六の住居に住む霊魂は花婿への愛に傷ついており、ますます孤独でいようとする。このころになると苦しい試練を被るようになる。しかし、念禱において恍惚、脱魂、剥奪をもって無我の境地にまで入る恵みも与えられる。

第七の住居は霊的婚姻が完了する前に霊魂が入れてもらえる主の居間である。「この住居に入れられると、至聖三位一体の三つのペルソナ全体が、知的啓示かあるいは真理の確実な顕現によって『光り輝く雲のようにまず第一にかれの精神を燃やす燃焼』で、ご自分をかれにお現わしにな」る（七・6）。そしてついに霊的婚姻が成し遂げられる。

b　十字架のヨハネ

十字架のヨハネはスペインのフォンテベロスで一五四二年に生まれ、一五六三年にカルメル会に入会し、六八年に司祭に叙階されている。叙階後まもなくアビラのテレサと出会い、カルメル会の刷新のために働くことになる。テレサとともに十六世紀を代表する神秘家の一人で、一九二六年にピオ十一世によって教会博士と宣言された。主著は四部作と言われる『カルメル山登攀』『暗夜』『霊の賛歌』『愛の生ける炎』。ここでは前半の二書を取り上げる。

『カルメル山登攀』

「カルメル山登攀」の行程、すなわち神との一致に至るまでの行程は「夜の」それも「暗夜の道」であると規定される。それは三つの理由による。第一に、出発点による。霊魂は「そのもっているこの世のすべてのものに対する欲望を絶ち、それを退けなければならないため、このような剝奪や欠如は、人間の感覚にとって『夜』のようなものだからである」。第二に、通りすぎる道による。

その道は「信仰であり、信仰は理性にとって、夜のように暗いものだからである」。第三に、終局点による。至り着くべき終局点は神である。神は「この世にあるものにとって、やはり暗夜であるからである」（一・二・1）。

完徳の状態に至るには、どうしてもこの暗夜を通らねばならない。この暗夜は霊魂の浄化、または純化とも呼ばれるが、能動的な暗夜と受動的な暗夜に分かれる。能動的な暗夜について論じられるのが本書である。これは二通りのかたちで通りすぎる。第一の夜、すなわち第一の浄化は、人間の感覚的部分の浄化、つまり欲望の克服にある。これについては本書の第一部において扱われる。第二の夜は、精神的な部分、つまり理性と記憶と意志の浄化にある。これについては本書の第二部と第三部において扱われる（一・一・1―2）。

本書も、これに続く『暗夜』も冒頭に八つの歌からなる賛歌を掲げて、その注解の形をとっているが、実際に注解されているのは初めの二つの歌のみである。というのはそれに続く六つの歌は「霊的な照らしと神との愛の一致の効果」について述べているからである。

『暗夜』

『カルメル山登攀』の第四部にあたるのが本書であり、受動的な暗夜について論じられる。受動的と言われるのは「花婿の愛がその実現のために与えてくれた力と熱とによって、はじめて可能」（一・解説・2）となるからである。ここでも二つの部分に分かれ、第一編では初心者のうちにある傲慢、霊的貪欲、邪淫、憤怒、霊的貪食、霊的嫉妬と怠惰といった罪源からの浄化が論じられる。この夜が霊魂にもたらす利益について、こう述べられている。「それは、いろいろの徳、たとえば、忍耐や寛容などの徳を納めるようになることである。これらの徳は、慰めも味わいもない霊的修業において辛抱強く耐えながら、この空虚と無味乾燥の中でよく修練される。また、神への愛にも大いに進歩する。なぜなら、業の中に見出す喜悦にひきつけられたり、味わいを覚えたりすることによって動かされるのではなく、ただ神のためにのみ行なうからである」（一・一三・5）。

第二編ではより進歩した段階へと入り始めた人の浄化が論じられる。それは暗い観想であり非常な苦痛をもたらす。というのは、「この神的な注賦的観想は、極めてすぐれた多くのすばらしいものを持っているのに引きかえ、それを受ける霊魂は、まだ浄化されていないため、非常に悪い無数のみじめさを持っているからである。それで、二つの相反するものは、霊魂の主体の中に同時に存在することはできないのであるから、必然的に、霊魂を苦しめ悩ますことになる」（二・五・4）からである。しかしながら、「それはただ、すべてのことに関して、霊に光を与えるためにのみそうする」のであり、「霊をへりくだらせ、惨めな状態に置くとはいえ、それはただ、霊を高揚し、高くあげるためにのみそうするのであり、さらに、霊を貧しくし、自然的愛情や執着のすべてから空にするとはいえ、それはただ、霊が上のことも下のことも、すべてを霊的な自由さをもって味わうようになるほど神的に拡がることができるためにのみそうする」のである。したがって、この暗夜は「幸福な夜」でもある（二・九・1）。

徳における進歩は「梯子」の比喩をもって語られ、ベルナルドゥスとトマス・アクィナスに従って「愛の梯子」の一〇段階について説明される。この梯子を介して「霊魂は、注賦的観想と秘密の愛とによって、あらゆるものと、自分自身から出て、神の方へと昇って行く。というのも、愛は、火に似ているものであって、自分の領域の中心に入りこもうとして、絶えず、上へ上へと昇って行くからである」（二・二〇・6）。

こうして、神との交わりについて語る『霊の賛歌』『愛の生きる炎』へと引き継がれることになる。これについては次章で見ることにする。

五　フランソア・ド・サル（フランシスコ・サレジオ）

一五六七年にサヴォア公国の貴族の家庭に生まれたフランソアは、パリ、パドヴァで学んだ後、一五九三年にジュネーヴで司祭に叙階され、一五九九年にジュネーヴの補佐司教、一六〇二年に司教となる。ミラノの司教カルロ・ボロメオを模範にトリエント公会議の決定に沿った教会刷新に努める一方、アビラのテレサの神秘思想に親しみ、オラトリオ会創立者ベリュル（一五七五—一六二九年）とも親交を持つ。一六二二年にリヨンで死去した。主著は『信心生活の入門』と『親愛論』。ここでは『信心生活の入門』を見ることにする。

『信心生活の入門』

本書は一六〇九年にリヨンで刊行され、一六一九年に第二版が出ている。刊行後、直ちに十八か国語に翻訳されたという。フィロテアという女性に語りかける形を取っているが、彼女は架空の人物である。著者ならびに本書について邦訳者は次のように述べている。彼の「文章は平明であり、華麗であり、彼の思想は穏健であり、中庸である。しかしながら、この外観の下に隠れているのは、天主のみ旨との赤裸々の一致を求める、自己の離脱の精神である。『信心生活の入門』はヤコブのはしごである。どこまでも地を離れずして、天上の完徳の極にまで達している。登攀を容易ならしめるために、各段の高さは低い」(解題、二二頁)。

本書の特徴は次の言葉にはっきりと現れている。「私は、市街《まち》の中に、仕事の中に、あるいは宮廷の中に止って、各自《おのおの》の境遇のために、表面は普通の生活を営まねばならぬ人々に教えたいのであります。その人々は、しばしば、不可能という口実のもとに、信心生活を企てようと、考えることさえしないのでありります」(序、二七―二八頁)。そして言う、「貴族と職人、王侯と下僕、寡婦と主婦・少女とによって信心は各々異なるべきである。なお、さらに、これを特殊の個人の能力・仕事・職務に適合させねばならぬ。……我らは、いかなる境遇にあっても、完徳の生活を求めることができ、また、これをもとめねばならないのである」(一・3、四〇―四二頁)。こうして、内容から言えば、定石どおり浄化について語り、黙想のさまざまな題材について語るが、これまでの修徳論には見られない、娯楽とか夫婦生活についても語ることになる。

さて、ここで「信心生活」と訳されている原語は“la vie dévote”である。“dévote”は一般に「信心深い」「敬虔な」と訳される。この名詞形“dévotion”は「信心」とか「信心業」と訳される。この語はラテン語の“devotion”にさかのぼり、教会用語としては「信心」と訳されることが多いが、元来の意味は「奉献する、犠牲としてささげる、専念する」といったことを意味する動詞“devoveo”に由来する。

まず著者自らが「真のdévotion」とは何かを説いているので、それを見ることにする。

「フィロテアよ、真の信心とは、天主の愛に基づき、つまり、天主の真の愛にほかならないのである。しかし、愛、そのままを、信心というのではない。我らをして天主の愛が我らの霊魂を飾る時、これを聖寵という、天主の愛が、善徳を行う力を我らに与える時、これを愛徳という。完全なる愛徳により、我らが熱心に、かつ、しばしば、かつ、容易に、善を行うに至る時、これを信心と称するのである。……罪人は、決して天主に向かい飛揚することがなく、その走るや、常に地上にして、かつ、地のためである。いまだ信心の域に至らぬ善人は、時として、善業を行って、天主に向かい飛揚しても、それはまれであり、緩慢にして、かつ、重苦しい。信心の人は、しばしば、速かに、高く天主にまで飛揚することができる。これは要するに、天主の愛が我らに働きかけて、我らがこの愛によって、熱心に、かつ、容易に、善業を営むようになる時、この精神の軽快な働きと活力とを、信心というのである。

また、信心とは、ある意味において、完全なる愛の義であるから、単に我らをして、天主の全戒律を容易に、かつ、熱心に守らせるばかりでなく、なるべく多くの善行、すなわち、義務的戒律に止らず、さらに、福音的勧告、または、霊示《インスピレーション》にすぎざるものをも、即時に愛をもって行うようにさせる。……つまり、愛と信心とは、焔の火におけるごとく、両者間に本質的の差異はない。愛は霊魂の火であって、その燃え立つ焔を信心といい、愛徳を火とすれば、信心は天主の戒律を守り、さらになお、天よりの勧告と霊示とを実践するに際して、これを喜び勇んで熱心にさせる、その焔にすぎないのである」（一・1、三六—三八頁）

第二章　霊的婚姻

前章で見たように霊的な成長の旅路は神との一致のうちに完成される。その一致、完成は結婚の表象をもって示された。では、その点について考察することにしよう。

パウロはコリントの人々へ宛てた手紙の中で言う、「わたしはあなた方を汚れを知らない処女として、一人の夫、つまり、キリストにささげて妻合わせることにした」（二コリ一一・2）。またヨハネの黙示録では、新しいエルサレムが小羊の花嫁として描かれている（黙一九・7―8、二一・9）。

これは旧約聖書の伝統を受け継いだものである。旧約聖書の中でも特に雅歌は神とイスラエルの民との交わりを歌い上げたものとして読まれてきた。

一　雅歌解釈

旧約聖書の雅歌の解釈は、現代において大きく分かれてきているようである。古来さまざまな説が提示されてきてはいるが、現代の多くの聖書学者は雅歌を文字どおりに解釈することを好む傾向にある。彼らは「雅歌には比喩的に解釈しなければならない要素は一つもない。本書中の男女のやり取りはあくまでも自然な愛の語らいである」とする。しかし、旧約聖書の中で主なる神とイスラエルの民との関係が、夫と妻との関係になぞらえて語られているのもまた確かである。たとえば、イスラエルの民は姦通を犯した妻にたとえられるが、ホセア書には次のように語られている。

「それ故、見よ、わたしは彼女を誘い、荒れ野に導いてその心に語る。わたしはその地でぶどう畑を彼女に再び与え、アコルの谷を希望の門として与える。彼女はその地で若い時のように、エジプトの地から上ってきた時のように答えるであろう。その日には――主の言葉――彼女はわたしを『夫』と呼び、もはや『わたしのバアル』とは呼ばないであろう」（ホセ二・16―18）

また、イザヤ書には次のような言葉が見られる。

「まことに、主は、わたしに救いの衣を身につけさせ、正義のマントをまとわせてくださった。花婿が栄冠で、花嫁が宝石で身を飾るように。……
お前はもはや『捨てられた女』とは言われず、お前の土地はもはや『荒廃』とは言われない。まことに、お前は『わたしの最愛のもの』、お前の土地は『夫ある身分』と呼ばれる。まことに、主はお前を愛し、お前の土地は夫ある身分となる。まことに、若者がおとめの夫となるように、

お前の子らがお前の夫となり、花婿が花嫁を喜びとするように、お前の神はお前を喜びとされる」（イザ六一・10―六二・５）

ａ　ユダヤ教の雅歌観

イスラエルの伝統を重んじるユダヤ人の家庭に生まれ育ったアンドレ・シュラキは、雅歌について次のように述べている。

「わたしはヘブライ思想の強大な流れに浸っていたため、雅歌を崇高な啓示のうえにたつ、至高なる愛の賛歌としてしかとらえることができなかった。それは奇妙なこととはいえ、事実であった。二〇〇〇年このかた、ユダヤ人たちは《花嫁》をイスラエルの民の象徴としてとらえ、王を神の現身として見、両者を結ぶ愛を、神の愛の神秘的な啓示として理解してきた。

タルグム、ミドラシュおよびラビたちの文献は、最古のものから最近のものまで含めて、雅歌に対して共通の見解を示している。雅歌は、イスラエルにおける三つの歴史的段階、つまり、エジプトの脱出からエルサレム神殿の破壊にいたる時代、捕囚時代、メシア到来による救いの時代を語る歌としてとらえている。それは驚くべき見解とはいえ、事実なのである。何千年来ユダヤ人たちが雅歌のなかにみてきたのは、イスラエルの歴史を通じて次々に啓示された神の愛を語る神秘的な歌以外のなにものでもなかった」（『図説 大聖書４』一五頁）

b　教父時代の雅歌注解・講話

キリスト教において最初に雅歌の注解を手がけたのはローマのヒッポリュトス（二三五年頃没）であった。全文が注解されたものと思われるが、現存するのは三・7までで、グルギア語に翻訳されたものである。これはギリシア語原文からアルメニア語に訳され、さらにそれからグルギア語に翻訳されたものである。ここで花婿はキリスト、花嫁は教会あるいは神に愛された魂を象徴するものと解されている。

次になされたオリゲネスの雅歌の注解ならびに講話は、それ以後の雅歌解釈に決定的な影響を与えることになる。注解はルフィヌス、講話はヒエロニムスによるラテン語訳で現存している。ヒエロニムスは、自ら付した序文において次のように述べている。

「『歌の歌』（＝雅歌）」に関するオリゲネスの著作を別にして、他の著作をみましても、オリゲネスはあらゆる人に勝っていますが、この『歌の歌』に関する書では、自分自身をもしのいでいます。……それはまさに『王はわたしをご自分のねやに連れて行かれました』（雅一・4）という言葉が、オリゲネスに実現されたと思われるほど［の素晴らしいものです］」

（講話序文、二三五頁）

c　オリゲネスの『雅歌注解・講話』

オリゲネスは注解の「序文」で、雅歌は戯曲形式による「祝婚歌」であり、花婿、花嫁、花婿に従う若者たちから成るコロス（合唱隊）、花嫁に従う若い娘たちから成るコロスの四者を語り手とし、一貫した筋をもって展開されるとしている。この点でも五から五二の独立した歌から成り、その展開は平行しているが、各歌の間に横の繋がりはないとする現代の多くの学者たちと見解を異にしている。

アガペーとエロース

本文の注解に入る前に、オリゲネスは「本書の執筆の第一の動機である愛そのものに」ついて分析する。名前こそ出していないが、明らかにプラトンの『饗宴』に言及して、「愛の力とは魂を地から天の極みまで導くものに他ならず、愛の渇きを推進力としなければ最高の至福に達することはできない」ものであるとの定義を提示する。しかし、「健全で貞潔を確かにするのに役立ち、愛という名と愛の本質にふさわしい意味を明らかにする」には神の言葉によらねばならないとし聖書による考察に入る。まず人間の創造が二重に語られていること（創二章）から、またパウロの記述（ロマ七・22、二コリ四・16）から、われわれ一人ひとりには「外なる人」と「内なる人」があり、それに対応する糧があるのと同様に「肉の愛」と「霊の愛」とがある。というよりも「ある人が、『外なる人』に則って、土で造られた者の像を帯びているなら、その人は地に属するエロースと愛にひきずられている」のであり、『内なる人』に則って、天に属する者の像を帯びているなら、その人は天に属するエロース・愛にひかれている」のである。後者の魂は、「神のロゴスの美しさ、愛らしさを見詰めると、その容貌に夢中になってしまい」、ロゴスが投げつける矢に「刺し貫かれ、救いをもたらす傷を負わされて、神のロゴスに寄せる愛の幸いになる火に燃え立つ」のである。したがって、オリゲネスは「エロースと言われていようと、アガペーと言われていようと、たいした違いはない」と言う。ただ聖書は読む人がつまずくことのないようにエロースよりもより適切なものとしてアガペーという語を用いているのである。ヨハネが言うようにこの愛・アガペーは、愛そのものである神から出るものである。人間は本性的にいつも何かを愛さずにはいられないものである。それは「造り主の好意からロゴスに与っている魂〔理性的被造物〕に植えつけられている」からである。それは「イエス・キリストにある愛によって」、われわれが「愛である神と結ばれるためである」。ところが、少なからぬ人が「この素晴らしい善の力」を浪費しているのである。この素晴らしい愛のため、患難のうちにあっても窮することなく、途方にくれても望みを失うことはないのが、聖人たち、つまりパウロとパウロに似た人々である。彼らには「聖霊によって、イエス・キリストにある神の完全な愛が注がれている」からである。それ故、彼らは「すべてを耐え忍ぶ愛」を抱いているのである。雅歌で語られるのは、このような愛である。「神のロゴスに寄せる、この愛が幸いなる魂を焦がし、燃え立たせるのである。このような魂が、聖霊に導かれ、この祝歌（すなわち雅歌）を歌うのであり、聖霊に導かれ、教会は天の花婿、キリストと結ばれるのである（序文）。

「わたしは黒いけれども美しい」（一・５）

オリゲネスは雅歌の花嫁に関する言葉を教会と個々の魂にあてはめて説明している。ここで具体的な例を挙げると、「黒い」と言われるのは「異邦の民のうちから集められた教会」を意味し、「多くの罪を犯した後、悔い改めに向かう個々の魂」を意味している。オリゲネスは次のように説明している。

「魂が黒くなるのは生まれによるのではありません。怠惰によるものです。ですから、怠惰によって「黒く」なるように、勤勉によって「魂の黒さは」退けられ、遠ざけられます。事実、……今黒いと言われている、この女性自身、この『歌』の終りで、白くされ、その甥（すなわち花婿）によりかかって昇って行くと述べられています。彼女は黒くなりました、それは降りた（すなわち罪を犯した）からです。しかし、一度、昇り（すなわち神の善にあずかった）、その甥によりかかり、彼にしっかりよりすがり、彼から離れることが全くなくなりだしますと、白く輝かしいものとされます。そして、黒さを悉く打ち捨てて、真の光の輝きにつつまれて燦然と輝くでしょう」（二。一〇一頁）

「あなた自身を知らないなら」（一・8）

これは現代語訳では「あなたが知らないのなら」とか「どこかわからないのなら」とあり、オリゲネスの注解はギリシア語七十人訳に基づいている。当然、「汝自らを知れ」との結びつきが連想される。オリゲネスは言う、「魂にとって自分自身を知らず、自分の美しさを知らないこと」は大きな悪であり、「救いと至福の極致は魂が自分自身を知ることにかかっている」と。では、知る方法である。オリゲネスはさまざまな説明を展開した後、次のようにまとめている。第一の方法は「自分の行動を吟味し、自分の進歩の状態をはかり、過ちを究明すること」である。第二の方法は「自分の本性、自分の状態つまりかつてどのような状態にあり、現在どのような状態にあり、将来どのような状態になるのか」知ることである。これを理解できるのは「優れた能力を持つ完全な魂」である。「判断力と理解力の恵みを沢山神から与えられながら、知識の役割をなおざりにし、自分自身を知ることに少しも努めなかった愛された魂に、この言葉は向けられている」のである。そしてこう言い添えられている、「魂、特に美しく善良で感性の面でも気質の面でも注意深い魂にとって、自分自身を知ること、教えを習得し、神についての勉学に励むことを通して自己認識に専念すること、そしてそれにあたっては神の霊並びに神の子とする霊に導かれることが、どうしても必要であることを理解しなければなりません。このような魂が自分自身をなおざりにして、神についての勉学から遠ざかるなら、その魂はこの世の事柄、この世の知恵に気を奪われ、再び恐れに捕われ、この世の霊に振り回されてしまうのも仕方のないことです」（一二六—一二八頁）。

d　その後の雅歌注解

神秘主義的な作品で知られるニュッサのグレゴリオスの『雅歌講話』は十五の講話からなり、雅歌一・1から六・8までが取り扱われている。これは『モーセの生涯』と並んで、「グレゴリオス晩年の円熟した思索と観想の精華を表現したもの」と評される。

キュプロス島のカルパシアの司教フィロン（三七四年頃没）は『雅歌注解』を著している。師であるエピファニオス（三一五―四〇三年）の影響が強いがオリゲネスの影響も見られる。

アンティオキア学派を代表する神学者であり聖書解釈家であるモプスエスティアのテオドロス（三五〇頃―四二八年）には、聖書のほとんどの書についての注解書があったと伝えられる。しかし、ネストリオス派の元凶として第二コンスタンティノポリス公会議（五五三年）で断罪されたことによってその著作は破棄され、ごくわずかなものが残っているにすぎない。残されたもの、あるいは近年になって発見され公刊された古代の翻訳書を通して、その注解は著者・年代に関して厳密に考察されており、アレクサンドリア学派の比喩的解釈は退けられ、文献学的にも歴史的考察にも優れたものであることがうかがえる。雅歌の注解も手掛けてはいるが、残っているのは断片にすぎない。そこでは、比喩的・神秘的解釈は退けられ、ソロモンの結婚を賛美する歌として解釈されている。彼の同輩で著名な説教家であったヨアンネス・クリュソストモス（四〇七年没）の雅歌についての説教は残されていない。アンティオキア学派の最後の大神学者であるキュロスのテオドレトス（三九三頃―四六六年）は、文字通りの釈義にとどまらず、比喩的・前表的解釈をも取り入れている。

彼の『雅歌釈義』が残っているが、雅歌を男女相互の愛を歌ったものとする説を退け、その霊的特徴を想起させている。教会論的解釈にはオリゲネスの影響が見られる。

シリアのガザで生まれ、そこで没したプロコピオス（四六五頃―五二八年）はカテナ様式、すなわち、カテナ（鎖）のようにそれまでの教父たちの釈義をつなぎ合わせた釈義書を編纂しており、その中の一つに雅歌の注解書がある。

ラテン語で最初に書かれた注解書は、プトゥイのウィクトリヌス（三〇四年頃没）のもので、オリゲネスの影響を強く受けたものであったと伝えられるが現存しない。現存する最古のものは近年になって発見されたエルビラ（現スペインのアンダルシアの町）の司教グレゴリウス（三二〇頃―四〇三年以降）の雅歌一・3、4に関する五つの講話であろう。ミラノのアンブロシウス（三九七年没）は注解書を手がけていないが、著作の随所にオリゲネス譲りの釈義がちりばめられている。またヒエロニムス（四二〇年没）の名で伝えられてきた十二巻からなる注解書があるが、実際には四〇五年から四一五年の間にシリア出身のアポニウスによるものである。南イタリアのウィウァリウムに学究的な修道院を設立し聖書の研究を奨励したカッシオドルス（五八〇年頃没）は、前述のカルパシアの司教フィロンの『雅歌注解』をサラミスのエピファニオス（三一五頃―四〇三年）のものと考えてラテン語に翻訳させている。グレゴリウス一世（五四〇頃―六〇四年）は雅歌一・1―8についての二つのホミリアを残している。そこにはカルパシアのフィロンからの影響が認められる。ベダ・ヴェネラビリス（六七二／七三―七三五年）も寓意的な注解書を残している。

ベルナルドゥスによってサン・ティエリのベネディクト会の修道院長に選ばれたグイレルムス（一〇八五―一一四八年）は自らの雅歌注解書『愛の本性と尊厳』の他に、ミラノのアンブロシウスとグレゴリウス一世の著作から抜粋し編纂した雅歌注解書『肉体と魂の本性について』を残している。ランのアンセルムス（一一一七年没）は雅歌注解書を残しているとも言われている。ドイツのルペルトゥス（一〇七六頃―一一二九年）の『雅歌注解』は「主の受肉について」という副題がついており、マリア論的に解釈したものである。

代表的なスコラ神学者では、トマス・アクイナス（一二二五―一二七四年）は臨終の床で雅歌について口述したと伝えられているがその原稿は発見されていないし、著作集に収録されている注解も真作ではない。ボナヴェントゥラは手がけてはいないが、雅歌は「神的愛によって受肉した御言を抱擁し、この御言から悦楽を受け取り、脱我的愛によって御言のうちに過ぎ越して行く」「第四段階の観想の修練のために書かれた」との記述がある（『魂の神への道程』四・3）。エックハルト（一二六〇頃―一三二七／一八年）も注解を手がけているが残っているのは断片のみである。

e　ベルナルドゥス

クレルボーのベルナルドゥス（一〇九〇頃―一一五三年）は西方教会における偉大な神秘家として知られるが、後代におけるその影響には絶大なものがあり、彼が活動した十二世紀は「ベルナルドゥスの世紀」と呼ばれるほどである。その著作にはオリゲネスからの影響が認められる。彼自身、ラテン語訳のオリゲネスの著作を読んでいただけでなく、第三四説教に「昨日朗読されたオリゲネスの講話からの引用の言葉」云々と述べているところから、オリゲネスの聖書講話が彼の属したシトー会の共同体の朗読のためにも用いられたことが分かる。五五三年にオリゲネスは異端のかどで断罪されその著作は破棄されたが、ヒエロニムスとルフィヌスのラテン語訳が西欧では読み継がれていたことがうかがえる。

ベルナルドゥスは八六編の『雅歌についての説教』を残している。この説教の中でオリゲネスの名前は口にされていないが、その影響は顕著である。例えば、「[詩編の中の]『都上りの歌』と呼ばれているいくつかの賛歌をごぞんじだと思います。なぜなら、各自は自分の心の中で、進歩向上をもくろんで聖性のステップを上るごとに自分の霊的昇段の源である神の栄光の賛美のために、新しい歌を歌わねばならないからです」(一・3・10)との言葉が見られるが、これは明らかにオリゲネスの『雅歌注解』の「序文」の言葉を踏まえたものである。では、最終段階である霊的婚姻を語る部分を引用することにする。

「御言葉の清らかさを身に付けている霊魂は、御言葉との結婚に敢えて踏み切ることができるのです。……彼女は、神との結婚の言わば適齢期に達しているからです。神に似た者となっているからです。神の無限の偉大さも彼女を恐れさせることはできません。神との相似が、すでに彼女を神との交わりにあずからせているからです。……

何もかも捨てて、全身全霊を込めて、ただ御言葉にだけ愛着している霊魂がここにあります。ただ御言葉のためにだけ生きています。ただ御言葉からだけ導かれています。ただ御言葉によってだけ、多くの霊魂という名の子供を受胎し、それを御言葉のために産んでいます。彼女は、こう言っています。『わたしにとって、生きることはキリストです。死ぬことは益です』（フィリ一・21）。こういった霊魂こそ、御言葉の花嫁なのです。彼女の胸にこそ、花婿御言葉の心はお憩いになるのです。……

しかし、霊的結婚において、二種類の出産があることをお忘れになってはいけません。……聖なる母親たちは、福音宣教によって霊魂を産むと同時に、観想によって霊的悟りを産むからです。後者の出産の場合、御言葉の花嫁である霊魂は、ときとして自分の肉体的感覚を超脱して神秘の世界に雄飛します。もはや御言葉のことしか感知できず、自分自身の存在を全く忘れ去るのです。いつ、そうした現象が起こるかと申しますと、それは霊魂が御言葉の言い尽し難い甘美に魅惑され、自分自身から抜け出して失神するときなのです。御言葉の甘美を心行くまで楽しむために、魂が高きへ引き上げられて、御言葉の懐に飛び込むときなのです」

（八五・12＝四。三四〇―三四二頁）

f　アビラのテレサの『雅歌瞑想』

アビラのテレサは一五六六年から一五七一年にかけて雅歌注解を手がけているが、それは一句一句の釈義というよりも幾つかの句を選んで瞑想を展開している「瞑想の書」と言うべきものである。しかし、聖書の注解とも見られる本書を、女性が著したということで異端審問官の検閲を受け焼却を命じられるが、修道女らの手で保管された。彼女が瞑想のために選んだのは雅歌の一・1、2、二・3、4、5の五つの句にすぎない。そしてそれらの句も聖書から直接引用するというよりも、当時カルメル会修道女が毎日唱えていた『聖母マリアの聖務日禱』に引用されたラテン語訳抜粋である。その意味でも学術的な注解というよりも、雅歌の言葉に自分自身の霊的体験を重ね合わせている。だから、このように言う、「花婿との愛に陥った魂はみな、ここにあるような愛顧、卒倒、死、苦悩、歓喜、喜悦を体験するのです」(一・6)。そして、雅歌二・3、4の瞑想において、神と魂との神秘的な一致について瞑想する。ここでまずラテン語の本文を見ておく必要がある。「……わたしの口にその実は甘い。ふどう酒の貯蔵庫にわたしを導いてくださり、わたしのうちに愛を整えてくださった」。テレサは次のように瞑想する。ここで語っているのは神との神秘的な一致の喜びが増し加わり成熟した魂である。乳離れしたような状態にある魂のために、いわば乳児食のようなものが用意される。そして、もっと成熟した魂に対しては、神はそれぞれの魂が求めるさまざまな徳を提供するために、極上のぶどう酒を貯蔵している、ぶどう酒を醸造する者のように対応してくださる。こうして魂は言う、「わたしのうちに愛を整えてくださった」と。これに対する神の答えが雅歌四・7の「わたしの愛する人、あなたは全く美しい」である。

たると言われる。いずれも著者自らの作になる詩歌を注解したものである。

９　十字架のヨハネ

十字架のヨハネは雅歌の注解書は著していないが、『霊の賛歌』と『愛の生ける炎』がそれにあ

『霊の賛歌』

アビラのテレサのカルメル会改革に協力したことから反改革派によってトレドのカルメル会修道院に幽閉されていた時に書かれた「賛歌」に後に注解を施したのが本書である。十字架のヨハネの円熟期の作品で、彼の傑作と評されている。

雅歌のように花嫁である霊魂と天上の花婿との間で交わされる四〇の歌からなり、霊的な旅路の始まりから終局までが歌われている。しかし、前章で見た『カルメル山登攀』と『暗夜』を前提としており、第一の歌を歌う霊魂はすでに非常に進歩しており、神との一致を激しく望んでいる。第二の歌から第一三の歌を通して、それまでの行程を振り返り「浄化の道」（二―五）と「照明の道」（六―一三）が語られる。第一三から第二一の歌において「一致の道」の第一段階である霊的婚約（一四―二一）の時期について語られる。第一四と第一五の歌では観想的な種々の恵みを描写しつつ愛する御者の訪れが語られる。第二二の歌をもって第二段階にあたる霊的婚姻の描写に入る。著者は霊的婚姻について「愛する御者への完全な変化であって、この変化において、両者は相互に与え合い、相互に完全に所有し合う。これには愛の一致のある種の完成が伴う」と定義している。終わ

りの五つの歌（三六—四〇）では霊魂を受肉と三位一体の秘義のうちに深く悟入させる極めて高い、ある種の神的交流について語られている（邦訳書「緒言」による）。

では、「私は愛する、あのかたから飲みました」という言葉で語られる神との交わりについて、雅歌を引用しつつ描写している部分を次に引用することにしよう。

「なぜなら、飲んだものが、身体の肢体や血管のすべてを通じて、拡がり流れるのと同様、この神との交わりも、実体的に霊魂の全部にゆきわたる。もっと正しくいうと、霊魂は神において変化されるのであり、この変化により、霊魂はその実体と霊的能力とをもって、神から飲むのであるから。すなわち知性をもって、上知と知識とを飲み、意志をもって、いともこころよい愛を飲み、記憶をもって天国の光栄を想起し感じつつ、いこいと愉悦を飲む。最初にいった霊魂の実体が愉悦を飲むことについて、花よめは雅歌のなかで次のようにいう。（ラテン語省略）『花むこが語ったとき、ただちに私の魂は溶けました』（五・6）。ここで花むこが語るというのは、かれがみずから、霊魂となす交わりのことである。

第二の、知性が上知を飲むことについては、花よめは同じ聖書のなかで、一致の接吻に憧れながら、花むこにそれを願っていっている。（雅歌八・2の引用。）香よいぶどう酒、つまりあなたの愛で調味された私の愛、いいかえれば、あなたの愛に化された私の愛をというのである。

第三の、意志が愛を飲むということについては、花よめはやはり、同じ雅歌のなかで、こういっている。（雅歌二・4の引用。）これはすなわち、『かれは私をかれの愛のなかに入れて私に愛を飲ませた』との意である。しかし、もっと、はっきりと適切にいえば、『かれはその愛を私に順応させ、私のものとしながら、かれの愛を私のうちに、お整えになった』のである。これが、霊魂にとって愛人から、愛人自身の愛を飲むということで、この愛は、愛人自身、霊魂に注ぎ入れたのである」（二六・5—7）

『愛の生ける炎』

四つの詩の注解からなる本書は『霊の賛歌』の続編とみなされる。邦訳に付された「序文」に次のように述べられている。「霊魂がこの地上で達し得る最も高い状態にあげられたときの神の働きを述べる。それは霊的婚姻といわれ、神と霊魂は相互に完全に所有し合っている状態である。……神は霊魂の諸能力を完全に支配され、お望みの通りにその霊魂のなかでお働きになり、ますます強い愛の炎を起されるのである」。

「おお、愛の生ける炎！　やさしく傷つける／私の魂の最も奥深い中心で！」という言葉で第一の詩は始まり、第四の詩は次のようなものである。

「なんとやさしく愛深く
あなたは私の胸の中で目覚められることか！

あなたはそこに独りひそかに住まわれる、……（二行省略）……
なんとやさしく私を愛に燃えたたせることだろう！」

これについての解釈として、ここで、魂は最も熱烈な愛をもって花婿に向かい、魂のうちに行われる、二つの驚くべき恩恵の業について感謝すると語られ、「第一の恩恵は霊魂内における神の目覚めで、これが行なわれる様態はやさしさと愛に満ちている。第二の恩恵は霊魂内での神の息づかいで、それはすぐれた富と光栄の交流によって表わされ、最もやさしくデリケートな愛を生じる」（四・1―2）と説明されている。

「おお、自分の胸の中で、神が休息し憩っておられるのを感じている霊魂は、どれほど幸福であろうか！　ごく微小な汚点も、ささいな喧騒も、愛する方の胸をさわがし動揺させることのないように、あらゆるものから離脱し雑務からのがれ、広大な静寂のうちに住んでいることがいかに大切であろうか！」（四・15）

「息づかい」についての次の言葉で本書は結ばれている。

「神の知識と知解に比例した神性の崇高な知識の目覚めを通じて、聖霊が息づかいされ、それによって霊魂も最も深くご自分の中に吸収される。そして霊魂が神の中に見たことにしたがい、神的完全さとこまやかさをもって霊魂を愛でみたされる。その息づかいはよきものと栄光との充満であるから、聖霊はこの霊魂をよきものと栄光で充たされたのであり、その中で神の深淵において、霊魂をして、あらゆる言葉と感覚を越えて、ご自身を熱愛させてくださるのである。神に誉れと栄光が帰せられるように。アーメン」（四・17）

二　花婿・花嫁＝霊的婚姻

a　アシジのフランシスコ

フランシスコの回心を巡るエピソードの一つに次のようなものがある。それは神から新しい生き方を示され、抑えきれない喜びを感じているのを人々が見た時のことである。

「人々は、彼が妻を迎えるつもりだと考え、彼に『フランシスコよ、結婚するつもりかい』と聞きました。すると、彼は答えて、『わたしは、あなた方がいままで見た花嫁とは比べものにならない、立派で美しい女性を妻とするつもりです。この人は美しさで他の誰にも勝り、また賢さでも他の全ての人に勝るでしょう』と、言っていました」（チェラノのトマス『第一伝記』三・7）

これに続く記述によれば花嫁とは修道生活とされているが、それよりも一般的なのは「貧しさ」（清貧）を花嫁とするものである。ボナヴェントゥラの『大伝記』には次のように記されている。

「聖なる人［フランシスコ］は、清貧を、神のみ子の親しい仲間とみなしており、それが今や、全世界で受け入れられないので、自分は永遠の愛をもってそれをめとろうと熱望した」（七・１）

彼は「清貧こそ諸々の徳の女王である」と主張していたのである。

フランシスコ自身は体系的な著作を残しているわけではないので著作家として取り上げられることはないが、幾つかの重要な小品を残している。その一つに『全キリスト者への手紙二』がある。そこに次のような一節が見られる。

「終わりの時までこのようなこと［すなわち、自分の体を悪徳や罪とともに憎み、忍耐と謙遜をもって兄弟を受け入れ、自分を恥ずべき者、蔑むべき者とみなすこと］を行い、最後まで守り通したすべての男女のうえに、主の霊は憩い、そこを住まいとすることでしょう。そして彼らは天の御父のわざを行う、天の御父の子らとなり、わたしたちの主イエス・キリストの花婿、兄弟、母となるでしょう。聖霊によって信者の魂がイエス・キリストと結ばれる時、わたしたちは花婿となります」（48―51＝タデエ・マトゥーラ著／小西広志訳『フランシスコ、霊性の教師』五四頁）

ここに花婿＝花嫁の表象が用いられているが、通例と異なり、フランシスコはキリストを花嫁とし、われわれを花婿としている。

また、アシジのクララの列聖調査において、フランシスコが自分の胸の乳房を外に出し、クララに吸うように言い、クララがそうするのを幻に見たと、一人の女性が証言したことが記録されている。これはクララがフランシスコの娘であること、ならびにフランシスコの「霊的母性」を示すものと解されている（マルコ・バルトリ著／アルフォンソ・プポ、宮本順子訳『聖クララ伝――沈黙と記憶のはざまで』一二二―一二四頁）。

フランシスコが「霊的母」であると言うのであれば、当然、キリストこそ「霊的母」であると考えられても不思議はない。事実、ノリッジのジュリアンの中にそれが見られる。

b　ノリッジのジュリアン

ジュリアン（一三四二―一四一六年以降）の生涯に関して知られていることは、イングランド東部のノリッジの聖ジュリアン聖堂の傍らの小さな庵で隠遁生活を送っていたことと、一三七三年の五月に一週間にわたって重い胸の病を患い、その折に十六の幻視体験をしたということである。その記録が『神の愛の啓示』である。彼女の中心的テーマは「キリストの母性」にあるといわれる。幻視体験後、十五年以上かけて省察し続けたことの結果である「長編テキスト」の内に次のような言葉によって表現されている。

「悪に善を対峙されるイエス・キリストは、私たちのまことの〈母〉です。私たちは終わりなく続く愛の甘美なる庇護とともに、私たちの存在をそこから、すなわちそこで〈母性〉の基が始まる、彼から受け取るのです。まことに《神》は私たちの〈父〉であられるように、まことに《神》は私たちの〈母〉なのです。……私たちの大いなる〈父〉であられる全能の《神》は……第二の位格に、私たちの〈母〉〈兄弟〉そして〈救い主〉となられることをお望みになられたのです。このことから、《神》がまことの〈父〉であられるように、《神》がまことの〈母〉であることが帰結するのです。……このように、イエスは、私たちの最初の創造によって、本質的に、私たちのまことの〈母〉であられ、彼が私たちの被造的本性を取られたことによって、恵みにおいて、私たちのまことの〈母〉なのです。最愛なる〈母性〉に属する、すべての優美な働きと甘美なる務めは第二の位格に固有なものなのです」（589, 9-48＝亀田訳、六〇―六一頁）

「私たちのまことの〈母〉イエスは、彼ただお一人、私たちを喜びと永久《とこしえ》の命へと産み落とされるのです。……母親は、彼女の子に彼女の乳を吸わせることができますが、私たちの尊き〈母〉イエスは、彼ご自身をもって、私たちを養われるのです。まことの命の懸替なき食物である神聖なる秘跡をもって、いとも丁重に、そして優しく、慈しみ深く、恵み深く私たちを保持されるすべての甘美なる秘跡をもって、そのようにされるのです」

（594f., 2-48＝同上、六一―六二頁）

c　シエナのカタリナ

シエナのカタリナ（一三四七頃―一三八〇年）は三八二通の「手紙」と口述筆記された「対話」、そして二六の「祈り」を残している。一九七〇年に教皇パウロ六世によって、アビラのテレサとともに「教会博士」と宣言されている。

よく知られているのがイエスとの霊的婚姻の示現である。それは一三七〇年のことども一三六七年のことども言われるので、二〇もしくは二三歳頃のことである。カタリナの聴罪司祭でもあった伝記作者は、次のような言葉をイエスから受けたと記している。

「あなたは世の空しい騒ぎと肉の楽しみとを逃げ、あなたの心の望みをわたしだけに託した。それで、あなたの家族が食事と世俗的祝いを楽しんでいるあいだに、わたしとあなたの霊魂とを一致させる結婚式を挙げたい。わたしは、約束通り、『信仰』において、あなたをめとりたい」

そして、それに立ち会った聖母マリアから「四つの宝石で飾られた金の指輪」を贈られ、イエスがそれをカタリナの指にはめて、次のように言ったという、

「あなたの創造主であり救い主であるわたしは、あなたを『信仰』においてめとる。あなたはこれを、わたしたちが天において永遠の婚礼を挙行するまで、純潔に守るがよい」

（ライモンド・ダ・カプア著／岳野慶作訳『シエナの聖カタリナ』一・12・1―2＝一〇五―一〇六頁）

同じ伝記作者は彼女の死を描写するにあたって次のように記している。「そのころ、かの女は、あらゆる善の究極であり完成であるイエス・キリストと一致することが、どんなにありがたいことであるかさとっていたのである。ついに、その望んだものを獲得した。聖主が、かの女が若いころ、かの女を浄配として選んだとき、なされた約束は成就した。かの女の霊魂は、その肉体を離れて、永遠の婚宴へと飛び立ったのである」（同上、三・3・2、三五七頁）。

もう一つカタリナに関してよく知られていることはイエスとの心臓の交換である。伝記作者は次のように記している。

「ある日、かの女は……おんあるじに、かの女の心と意志とを取り去ってくださるよう哀願した。すると、天配があらわれ、かの女の左の脇腹を開いて、その心臓を取り出して持ち去られた。その結果、その胸に心臓の存在を感じなくなった」

それを聞いた聴罪司祭はたしなめるが、彼女は「わたしには心臓はありません」と断言した。その数日後、イエスが出現し、彼女に近づくと、

「かの女の左の脇腹を開き、持っておられた心臓をそこに入れて、言われた。『いとしい娘よ、わたしは先日あなたの心臓をもらった。今日わたしの心臓をあなたに与える。これからは、この心臓があなたの役に立つ』。こうおおせられて、かの女の胸を閉じ、この奇跡のしるしに、傷痕を残された。かの女の友だちは、これをしばしば見たと、わたしに断言した。この問題についてかの女に直接たずねたところ、かの女は、『それは事実です』と言［った］」

（同上、二・6・2＝一七五―一七六頁）

心臓の交換という神秘的な体験はカタリナに限るものではない。他にも多くその体験が伝えられている。アウグスチノ会の修道女モンテファルコのクララ（一二七五頃―一三〇八年）のように、キリストの示現を受け、キリストの姿が刻まれた十字架がその心臓に植えつけられたという事例もある。

d　かつての修道女の聖別式

一八九〇年にリジューのカルメル会修道院で誓願を立てたテレーズは、それをイエスとの結婚式と捉え、「結婚通知状」を作成し、自叙伝に収めている（220。邦訳、二四六頁）ことにも表われているように、神秘的な体験をするか否かは問わず、修道女にとって修道誓願を立てることはキリストとの結婚の契約を交わすに等しいものと考えられるようになる。それは儀式に反映されていた。修道服の着衣にあたって花嫁衣装を着てそれに臨み、花嫁衣装から修道服へ着替えることが行われていた。また、その儀式の中で「来たれ、キリストの花嫁、主があなたのために永遠に用意された冠を受けよ」という交唱が歌われた。さらに、終生誓願の儀式では指輪が与えられる。それに先立つ指輪の祝福の祈りの中に「キリストの花嫁のように処女性を遵守し、終生貞潔のうちに堅忍することができますように」という言葉が見られる。したがって、修道女の着衣ならびに誓願はキリストとの婚姻の儀式であると考えられていたことがうかがえる。第二ヴァティカン公会議の『典礼憲章』(80)において、「ローマ司教儀式書にあるおとめの奉献式は、改訂されなければならない」との指針を受けて、修道女の修道服の着衣ならびに誓願の式次第は大幅に改訂された。もはや花嫁衣装を着るという習慣は廃止されたが、終生誓願を立てた修道女は指輪をつけるという習慣は今でも残っている。

第三章　イエスの生涯の黙想・模倣

パウロはイエス・キリストへの思いを次のように述べている。「わたしは、わたしの主キリスト・イエスを知ることの素晴らしさの故に、すべては損失だと思っているのです。わたしはこのキリストの故にすべてを失いました。しかし、それらのことなど屑にすぎなかったと思っています」(フィリ三・8)。

またペトロの第一の手紙にも、次のような言葉が見られる。「キリストもまた、あなた方のために苦しみを受け、あなた方がその足跡をたどるよう模範を残されました。あなた方が召されたのはこのためです。キリストは、『罪を犯したことがなく、その口には何の偽りも見出されませんでした』。ののしられても、ののしり返さず、苦しめられても、脅さず、正しくお裁きになる方に、ご自身を委ねられました。わたしたちが罪に死んで義に生きるため、キリストは十字架の上で、わたしたちの罪をその身に負われました。その傷によって、あなた方は癒やされました。あなた方は、羊のように迷っていましたが、今は、魂の牧者であり、監督者である方のもとに帰ってきたのです」(一ペト二・22—25)。

a　もうひとりのキリスト

イエス・キリストの言葉を単純素朴に実践しようという思いが初期の隠修士たちの生活の発端となったことが指摘されている（ブイエ『キリスト教神秘思想史1』二二六頁参照）。しかし、それは何も彼らに限ったことではない。すべての時代のキリスト者がそれに生涯をかけたと言ってよかろう。そのなかでそれを極め、「もうひとりのキリスト」とまで呼ばれる人物が登場する。アシジのフランシスコである。彼の伝記を書き記したボナヴェントゥラは次のように述べている。その「比類ない聖性の高さを考えると、キリストにとって愛すべき、私たちにとってはならうべき、世にとっては驚嘆すべき、この神の使者は、神のしもべフランシスコであったということは、疑いない確信をもって断言できる。かれは、人々の間に生きていたときから天使の清らかさにならっており、キリストに完全に従おうとする人々の手本とされていたのである」（『大伝記』序文・2）。

キリストの言葉を「何の傍注も施さずに」実践する。キリストの御跡に従うというその生涯の到達点が聖痕であった。その直前に彼が口にした祈りが伝えられている。

「わが主イエス・キリストよ、わたしはこの世を去る前に、あなたから、二つの恵みをいただくために祈るものです。その一つは、愛するイエスよ、わたしが生きているうちに、あなたが、最もひどい責め苦を受けられた折、耐え忍ばれたあの苦痛を、できるかぎりわたしの魂と体で感じとることです。おお、神の子よ、もう一つは、あなたがわたしども罪びとのため、あのような苦しみを喜んで耐え忍ばれるほどに、燃えたたせられたあの至上の愛を、できるかぎりわたしの心の中に感じ取ることです」（『アシジの聖フランシスコの小さき花続』七二頁）

アシジの朽ちかけたサン・ダミアノ聖堂の十字架上のイエスの呼びかけに応えるものとして始められたフランシスコの霊的生活の歩みは十字架のイエスから片時も目を逸らすことはなかったと言えよう。しかし、それは十字架に限ったことではなかった、イエスの全生涯を常に目の前に置くことであった。そのようなフランシスコから始まった一つの風習がある。キリストの降誕の情景を再現するクリスマスの「馬小屋」である。それは死の三年前、すなわち一二二三年、ローマ近郊のグレッチオでのことである。チェラノのトマスは、その『第一伝記』で次のようにフランシスコは言ったと記している。

「もし、あなたが、やがて来るわたしどもの主の祝日をご一緒に祝いたいなら、急いで行って、わたしの申すとおり、きちんと用意していただきたいのです。わたしは、ベトレヘムでお生まれになった赤児を思い起こすと同時に、そのお方が馬槽にお休みになっておられる様子、つまり牛とロバと一緒に居られ、干草の上に横たえられていた幼い時の貧しい様子を何とか再現しようと思っているのです」（三〇・84）

b　ボナヴェントゥラ

第二章で見たようにボナヴェントゥラには優れた修徳論に関する著作があるが、それを踏まえて具体的に瞑想した内容を著述した著作も残している。『幼子イエスの五つの祝日について』『生命の樹』『神秘の葡萄の樹』がそれである。これらは『魂の神への道程』が書かれた同じ一二五九年から一二六三年のフランシスコ会総長時代の作品である。他に書かれた年代は特定できないが「イミタティオ・キリスト」について述べた手紙もある。

『幼子イエスの五つの祝日について』

「神の教会において、神聖なる輝きによってひときわ秀でており、天からの賜物である信仰によって熱く燃えた尊敬すべき人々の見解ならびに教えによると、いとも甘美なるイエスについての瞑想と受肉した御言葉についての敬虔なる観想は、蜂蜜やあらゆる芳しい香油の香りにも勝って、信仰篤い精神に甘美な喜び、楽しい酔い心地、完全な慰めをもたらし強めてくれるという。そこで、千々に思いを掻き乱す喧騒からしばし逃れて、沈黙の内に内心に思いを潜めることにしよう」という言葉で始まる本書において考察される五つの祝日とは、神の子の懐胎、誕生、命名、三人の博士の礼拝、神殿での奉献である。それらは「どのようにして神の子イエス・キリストは信仰篤い精神によって霊的に懐胎されるか」「どのようにして神の子が信仰篤い精神から霊的に誕生するか」「どのようにして幼子イエスが信仰篤い魂によって霊的に名づけられねばならないのか」「どのようにして神の子が信仰篤い魂によって博士らとともに霊的に探し求められ礼拝されねばならないのか」「どのようにして神の子が信仰篤い魂によって神殿において霊的に奉献されねばならないのか」という問いのもとに考察されているところからも分かるように、聖書に記されたそれぞれの出来事を考察するというよりも、それぞれの出来事がキリスト者の内に霊的に再現されることを明らかにするものである。

『生命の樹』

本書ではキリストの生涯が楽園の「生命の樹」になぞらえられて描写されるが、それはまた十字架の樹でもある。「この樹の幹からは葉と花と果実に装われた十二の枝が伸びている」。根本にある四つは救い主の出生と生涯が、真ん中の四つは受難、一番高いところの四つは栄光を示している。その果実とは次のものである。

「ここで生命の樹の果実は、十二の枝に十二とおりの味がするものとして、食べるために用意され、描写されます。キリストに献身する精神は、第一の小枝では救い主の光輝く出自と甘美な誕生を、第二の小枝では救い主が欲されたへりくだりの極めて謙遜な生き方を、第三の小枝では完全な徳の気高さを、第四の小枝では非常に豊かに満ち溢れる慈愛を、第五の小枝では受難の危機に有しておられた信頼を、第六の小枝では浴びせられたはなはだしい不正と侮辱にあたっての忍耐を、第七の小枝では残虐な十字架の責苦と苦痛のうちに示された毅然とした姿を、第八の小枝では死との格闘と死そのものにおいて獲得された勝利を、第九の小枝では驚嘆すべき賜物によって装われた復活の斬新さを、第十の小枝では恩恵という霊的な賜物を注ぐ昇天の崇高さを、第十一の小枝では将来の審判における公平さを、第十二の小枝では神の御国の永遠性を思い巡らすことで甘美な味覚を味わうことでしょう」（序4）

そして、「ですから、キリストに奉献された魂よ、目を覚ましなさい。そして、イエスについて語られた一つひとつのことがらを細心の注意を払って吟味し、熱心に熟考し、慎重に思い巡らしなさい」という言葉で「序文」は結ばれている。

『神秘の葡萄の樹』

本書は「わたしはまことのぶどうの木である」（ヨハ一五・1）という言葉に基づいてぶどうの特性、栽培の方法になぞらえてキリストの受難を瞑想する。この作品は長い間クレルヴォーのベルナルドゥスのものとみなされてきたが、多くの写本には『主の受難に関する兄弟ボナヴェントゥラの哀歌』という表題が付けられている。第七章から第一三章では、葡萄の樹の七枚の葉になぞらえて、十字架上のイエスの七つの言葉が、第一四章から第一七章では葡萄の花として「愛と苦難の赤いばら」としてキリストの受難が、第一八章から第二三章までは十字架上でのイエスの流血について瞑想される。

「この方は、ご自分に近づきたいと願っている者たちに対して、ご自分が近づきがたい方であることを示そうとして十字架の上に挙げられたのではなく、むしろ、容易にすべての人に見いだされることができるように十字架の上に挙げられたのである。それゆえ、信頼の心をもってこの楽園に近づき、拡げられた両腕のうちに十字架にかけられた方の愛情を汲み取るがよい。ご自分をお前に差し出し、お前をご自分のもとへと招いておられる方の抱擁にゆだねるがよい」（二四・１）という言葉でキリストの苦難の瞑想が勧められ、次のような祈りで結ばれている。

「おお、いとも甘美なイエスよ。……あなたはわたしたちのための代価としてあなたご自身を与えてくださいました。わたしたちはそれほどの代価に少しも値しないものではありますが、あなたご自身をお与えください。あなたの御恵みにふさわしく完全に報いることができますように。あなたの御苦難の姿にかたどられますように。罪を犯したことで失ってしまった、あなたの神性の似姿を取り戻すことができますように。わたしたちの主の御助けによって。アーメン」（二四・４）

Ｃ　十字架の道行

このようなキリストの受難についての瞑想から生まれた信心業が「十字架の道行」である。これはピラトによる死刑の宣告から墓に葬られるまでのキリストの苦難を十四の場面（ラテン語で「スタティオ」、日本のカトリック教会では「留」と訳される）に分け、各留でしばし沈黙し祈りを唱えて先に進むというものである。もっとも十四留とするのは一七三一年に教皇クレメンス十二世の勧告以降のことで、それまでは五留から三〇留以上と数は定まっていなかったようである。

三八一年から三八四年にかけて、イベリア半島北西部ガルシアからエルサレムを巡礼したエゲリアは、キリストの死と復活を記念する、いわゆる聖週間の典礼に参加し、その記録を残している。それによるとオリーブ山には教会堂があり、復活の主日の一週間前のいわゆる受難の主日には、そこからキリストのエルサレム入場を記念する行列が行われていること、木曜日にはゲッセマネの園で祈りをささげ、金曜日には「主が鞭打たれた柱のある場所」で祈っていることが分かる。その後、それらの地にイエスの受難を記念する小聖堂や標識が立てられるようになったことがうかがえる。

西方では五世紀にボローニャの聖ステファヌス聖堂内に受難を記念する留があったと言われる。十二―十三世紀に十字軍の兵士が帰国後エルサレムの街を描いた絵を飾ったことから、この信心業は広まったと言われる。一三四二年に聖地エルサレムの管理がフランシスコ会に委ねられると、フランシスコ会はこの信心を熱心に広めるようになり、十四―十六世紀にはフランシスコ会員の先導で聖地で道行が毎日行われていたという。一四五八年と一四六二年と二度にわたって聖地を訪れたイギリス人のウェイという人物は、晩餐の広間から聖なる墓までの間に十四の黙想の場があったと記している。

この信心業の普及に最も貢献した人物と言われるのが、フランシスコ会士のポルト・マウリツィオのレオナルド（一六七六—一七五一年）である。彼は二十年間に五七二箇所の道行を設置したと言われる（『新カトリック大事典Ⅲ』一四一頁による）。

d　ロザリオ

同じころにローマ・カトリック教会で盛んになるもう一つの信心業が生まれる。ロザリオの祈りがそれである。伝説によると、ドミニコ会の創立者聖ドミニクス（一一七〇—一二二一年）に聖母マリアが現れて異端に対する武器としてロザリオを与えたと言われるが、この伝説は十六世紀以降のものである。実際には、この祈りの起源は同じ祈りを数回繰り返して唱えるという習慣にさかのぼるものであり、その数を確認するために小石とか穀物粒が用いられていた。この習慣は西方に限ったものではなく、東方では四世紀に既にこのような習慣があったことが知られている。西方においては十一世紀になると、「主の祈り」を五〇回、あるいは一〇〇回、更には一五〇回唱えるという習慣が生まれ、聖母マリアに対する崇敬が発達するにつれて、「主の祈り」に代わって、天使祝詞（アヴェ・マリアの祈り）が同じ数だけ唱えられるようになる。この習慣は十二、十三世紀に定着したようである。この当時は、天使祝詞は今の形のものではなく、前半の部分のみであった。現在のように先ず「主の祈り」を唱え、次いで天使祝詞を十回唱えるという形（これを「一連」と呼ぶ）は一四〇八年に没したカルトゥジア会のカルカルのハインリッヒが考案したと言われている。当初は、ただ繰り返し祈るだけであったが、十五世紀になると、それに合わせて黙想する題材が指定されるようになる。その題材の数は一定していなかったが、最終的に現在の形に定着させたのは、ドミニコ会士ルペのアラヌス（一四七五年没）であったと言われる。

その題材は次のようである。五連で一まとまりのものとして「一環」と呼ばれる。第一環は「喜びの神秘」と呼ばれ、マリアへの受胎告知、マリアのエリサベト訪問、主の降誕、神殿での奉献（ルカ二・22―38）、イエスが十二歳の時の出来事（ルカ二・41―51）が一連ごとに黙想される。第二環は「苦しみの神秘」と呼ばれ、ここでの中心はイエスの受難と死となる。ゲッセマネでのイエスの苦悶、イエスが鞭打たれたこと、茨の冠を被せられたこと、十字架を担われたこと、十字架上での死去が一連ごとに黙想される。第三環は「栄えの神秘」と呼ばれ、復活、昇天、聖霊降臨、聖母の被昇天（聖母が死後、肉体をもって天に揚げられたことを言い、八月十五日に祝われる）、聖母が天使と人類の女王として立てられたことが一連ごとに黙想される。

教皇ヨハネ・パウロ二世は、二〇〇二年の使徒的書簡『おとめマリアのロザリオ』で、「ロザリオはキリスト教的観想の伝統の中でもっともすぐれたものとみなされています。……ロザリオは、典型的な黙想の祈りで（す）」（序5＝一〇頁）と述べて、これが黙想をしながら唱えられること、その黙想の題材がキリストの生涯にあることを強調して次のように述べている。

「マリアに伴われながら、たえずキリストのみ顔を観想するロザリオという霊的道行においては、友情と呼ぶことができるような親しい交わりを通じて、このキリストに似たものとなるという目的を実現することが求められます。そこから、わたしたちは自然にキリストの生涯へと導かれ、いわばその思いを『呼吸する』ようになるのです」（一・15＝二二一―二二三頁）

そして、さらにその特徴を活かすために、洗礼者ヨハネからの受洗、カナの婚宴での最初の奇跡、神の国の宣教の開始、変容、聖体の制定からなる「光の神秘」を加えることを提唱した。これは、使徒信条ならびにニケア・コンスタンチノープル信条のイエス・キリストの項目で、「おとめマリアから生まれた」ことから一挙に「苦しみを受け」と飛躍していることを指摘し、「洗礼者ヨハネから洗礼を受け、聖霊に満たされ、貧しい者に神の国を宣べ伝え、病める者をいやし、しいたげられた者を受け入れ、こうして諸国民の救いのために、イスラエルを呼びさまし、すべての民を憐れまれる」というような文言を挿入することを提起するモルトマン（『組織神学論叢3　イエス・キリストの道』＝蓮見和男訳、二四〇頁）と共通するものを思わせる。信条への挿入は第二の「フィリオクェ」にもなりかねないので実現するのは不可能であろう。しかし、ロザリオへの「光の神秘」の導入は、一五〇の詩編に相応する一五〇の「天使祝詞」という伝統的な解釈を固守する人々の拒絶反応はあるが、広く受け入れられている。現に、前教皇ベネディクト十六世もそれを支持し、なおかつ「それぞれの神秘を示すとき、それぞれの神秘とかかわる短い聖書箇所を朗読するのが適切です。そうすれば、キリストの生涯の神秘とかかわるいくつかの聖書の大事なことばを覚える助けとなります」と述べている（使徒的勧告『主のことば』一五〇頁）。

e『イミタティオ・クリスティ』

本書はトマス・ア・ケンピス（一三七九／八〇―一四七一年）の作と伝えられてきたが、実際には十四世紀の末頃、無名の一修道司祭によって四巻にまとめられたものと考えられる。邦訳はおよそ二〇にも及んでいる（ここでは荻原晃訳による）。キリシタン時代の『コンテンツスムンヂ』は最初の邦訳である。

「イエス・キリストのご生涯を黙想することが、私どもの最上の学問でなければならない。キリストのみ教えは、聖人たちのあらゆる教えにまさるからその精神をもつ人なら、誰でもそこにかくれたマンナを見いだすだろう。……だから私どもがキリストのみ言葉を完全に、心ゆくばかり悟りたいと望むなら、自分の全生活をキリストのそれにあやからせるようにつとめなければならない」（一・一・3―4、6）と冒頭に述べられているように、キリストの生涯を黙想することを奨励しているが、具体的な黙想の内容を記述するのではなく、キリストに倣うことを奨励する金言集と言えよう。旧約聖書のコヘレトやシラ書を思わせるものがある。第一巻は浄化の道、第二巻は照明の道、第三巻は一致の道というように三様の道に区分することもできる。第三巻は分量的にも一番大きく、「内的な慰めについて」との副題が付されており、「僕《しもべ》」と「主」との対話形式になっているが、時として「神の愛に対する祈り」「神のみ旨が行われるための祈り」「邪念を防ぐための祈り」「心の照らしを願う祈り」と僕の祈りがほとばしり出る。第四巻は一致の極致とも言える聖体の秘跡、特にその拝領について述べられる。これも「僕《しもべ》」と「キリスト」あるいは「愛する御者」との対話形式になっている。

「外部の人々とあまり交わるな」（一・八・2）、「ある人が言った。『私は人中に出るごとに、より劣る者となって帰ってきた』（セネカ書簡7）。……だから、内的な精神的なことにおいて向上したいと望む人は、イエスとともに雑踏を避けなければならない」（一・二〇・5、9）との言葉に見られるように静寂な修道院の中での霊的生活を目指す根本的な姿勢が現代的ではないと敬遠されることになった。しかし、「あらゆる複雑な思弁を超えて、純粋な愛による神との一致のみを求めるひたむきな精神を表わす書として永遠の価値を有する傑作である」とも評される（P・ネメシェギ＝『新カトリック大事典I』五一九頁）。

後で述べるリジューのテレーズも本書を愛読しており、その自叙伝でしばしば言及している。一例を挙げるとこう述べられている。「私は『キリストにならう』に含まれている〝純粋な小麦粉〟で養われていました。あのころには、まだ福音書に隠されている宝を見いだしていなかったので、この本だけが唯一の本でした。この大好きな『キリストにならう』の章はほとんど暗記していたくらいで、この小さい本を決して手ばなしませんでした」（138）。

f　ロヨラのイグナティウスの『霊操』

イエズス会の創立者であるロヨラのイグナティウス（一四九一―一五五六年）がマンレサでの体験を基にして編纂したのが『霊操』である。マンレサでの体験は『ロヨラの旅人』という口述筆記された伝記に詳しく記されている。それについては次章で見ることになろう。ここでは『霊操』についてのみ論究することにする（引用はバラ訳による）。

『霊操』という訳語は耳慣れないものであるが、冒頭で次のように述べる著者自らの説明に基づいている。「散歩したり歩いたり走ったりするのを体操というが、同じように、霊魂を準備し整えるあらゆる方法を霊操というのである」（1）。つまり、肉体の訓練としてのエクササイズと同じように霊魂のエクササイズ（exercitia spiritualia）を目指している、ということである。この表現はイグナティウスの発案ではなく、既にクレルヴォーのベルナルドゥス、サン・ティエリのグイレルムスらによって用いられている。しかし、イグナティウスのこの作品以後、霊操と言えばイグナティウスの『霊操』を指すと考えられるほどになっている。

さて、その『霊操』であるが、著者自らその構造を次のように説明している。

「霊操には四週間が当てられる。それは霊操が四部に分かれているので、それに相当する時間が四週間になるからである。霊操の第一部は罪の考察と黙想を含み、第二部は枝の主日（引用者注＝復活の主日前の日曜日、イエスのエルサレム入場を記念するので「枝の主日」と呼ばれる）までの

主キリストの生涯の秘義、第三部はわが主キリストのご受難、第四部はご復活と昇天、また祈りの三つの方法を含む」（４）

著者は、別の所で第一週は「清めの道」、第二週は「照明の道」とも呼んでいる（10）ので「三様の道」を踏まえていると言えよう。第一部にはイグナティウスの霊性の「原理と基礎」が示されており、マンレサにおける霊的体験を基にした「霊的結晶」であると評される（『新カトリック大事典Ⅳ』一三八二頁）。そして終わりに付された「霊の識別の規定」（313―336）、「疑悩をわきまえるための規定」（345―351）、「教会と心を合わせるための規定」（352―370）をも考え合わせると、第二章で取り上げた修徳・修行論として取り上げるべきところであるが、ここで取り上げることにしたのは霊操の大部（101―229、261―312）がイエスの生涯の黙想にあてられているからである。そして、その方法も詳しく説明されている。しばしば用いられている表現は「記憶によって思い浮かべ、知性を働かせてそれを考え、それについて意志を働かせる」（50）というものである。具体的には次のように述べられる。

「目に見えるように、場所を組み立てること。これについて、次のことに注意すべきであろう。目に見えることがら、たとえば、目に見えるわが主キリストを観想しあるいは黙想するに当たって、『場所を組み立てる』ということは、観想の対象となるものの物的場所を想像の目で見ることを意味する。物的場所は、たとえば、観想しようとする所に応じて、イエス・キリストと聖母がおられる神殿や山などをいうのである。目に見えないものについて黙想する時には、（今度の罪の黙想がそうであるが）、場所の組み立てを次のようにする。すなわち、私の霊魂が、朽ちてしまうこの体の獄につながれているのを想像の目で見、結合したこの二つが、追放されたかのように、この谷に獣の中に置かれているのを見て、考察する。『結合したこの二つ』というのは、霊魂と体を意味するのである」（47）

「場所の組み立て」に関しては、次のような具体的な指示も描かれている。

「目に見えるように、場所を想像で組み立てること。ここでは、ベタニヤからエルサレムまでの道を、それが広いか狭いか、平らであるかなどについて思いめぐらす。また、晩餐の場所を見て、それが大きいか小さいか、どんな形であるかということについて考える」（192）

9　ドン・コルンバ・マルミオン

マルミオンという名を聞いて思い当たる方は少ないかもしれない。今では入手するのも困難になっているが、かつては日本語訳を含めて十数か国語にその著作は翻訳され、一〇〇万部以上売れたという近代カトリック界のベスト・セラー作家である。一八五八年にアイルランドのダブリンに生まれ、一八八一年に司祭叙階、一八八六年にベルギーのベネディクト会マレズー修道院に入り、一九〇九年には大修道院長になっている。一九二三年に死去。彼の主著は『霊魂の生命なるキリスト』（一九一七年）、『キリストの奥義を生きる』（一九一九年）、『修道者の理想なるキリスト』（一九二二年）の三作である。

ここでは『キリストの奥義を生きる』を取り上げることにする。本書は、著者の「まえがき」によれば一連の講演であり、前作の『霊魂の生命なるキリスト』に続くものである。本書は二部構成になっているが、著者によれば、序説にあたる初めの二回の講話は、「いかにキリストの奥義がわたしたちの奥義であるか、どのようにしたら、その奥義の効果を、吸収消化できるか」を示すことにあてられている。第一部は「人となられた永遠の聖言であり、十字架の犠牲によって人類を救うために、この世においでになったイエス・キリストとは、どんなお方であるか、その基本的性格をスケッチする」。第二部はイエス・キリストの奥義の観想にあてられるが、「福音書の記録と、教会の典礼文のたすけをかりて、時間と空間のあいだにあらわれたキリストの生命の、人間的であると同時に神的な現実を、しっかりとらえ、その意味をあきらかにし、信心ぶかい魂に、その実行的適応を示す」ことに努めている（三〇頁）。本書は次のような結びの言葉で終わっている。

「この世で、わたしたちは、すべてをイエスから頂かなければならない。イエスこそそのもろもろの奥義をお生きになることによって、わたしたちのために、成義と、罪のゆるしと、成聖とのために必要な、すべての恩寵をかち得てくださった。あたかも、ぶどうの木が実を結ばせるために、その樹液をすべての枝におくるように、イエス・キリストも、ご自分と一致してとどまっているすべての霊魂に、たえまなくその恩寵を交流するのである」（六二一頁）

第四章　聖人伝

ロヨラのイグナティウスは、その『霊操』の中で、「時々『キリストに倣いて』と福音書、また聖人伝を読むことは極めて有益である」と述べている（『霊操』100）。また、フランソア・ド・サル（フランシスコ・サレジオ）も、「聖人伝を愛読せよ。聖人伝はキリスト教的生活の姿を映す鏡である。汝は自分の境遇に従って、聖人の言行にあやからねばならぬ」と記している（『信心生活の入門』二・17。一二二頁）。

これまで、多くの人々が聖人伝によって、その信仰生活を支えられてきた。少なくとも、カトリック教会においては、第二ヴァティカン公会議によって、聖書の中心的な位置が再確認され、聖書の朗読、黙想が強く勧められるまでは、聖人伝が信徒の信仰生活を支えてきたと言えよう。

一　殉教録

殉教者の最後を記したものは『殉教者言行録』（Acta Martyrums）、『殉教録』（Passiones' Martyria）、『伝説』（Legenda）の三つに分けられる。第一のものには『ユスティノスと同志の行伝』『スキッリウム人（北アフリカ）の殉教者の行伝』『聖キプリアヌスの行伝』が属する。これらは法廷での裁判の記録である。したがって、史料としての信憑性は高い。次のグループに属するのが『ポリュカルポスの殉教』『ウィエンヌとリオンの教会の手紙』『ペルペトゥアとフェリキタスの殉教』『聖カルプスとパピルスとアガトニケの殉教』『アポロニオスの殉教』である。これらは目撃者が書き記したもので、恐らく、殉教者の殉教の日に墓所に集まり遺徳をしのんで朗読されたものと思われる。これらの模範となったのはキリストの受難物語であり、使徒言行録のステファノの殉教（六・8―七・60）であり、さらにはマカバイ記二のエレアザルの殉教（六・18―31）と七人の兄弟の殉教（七・1―42）であったであろう。最後のグループは後代にはなはだしく脚色され、史料的な価値は低いが、人々には好まれ語り継がれていった。この種の伝説は後で取り上げる『黄金伝説』に多々収録されている。

これらの殉教録が書き上げられる動機を『ペルペトゥアとフェリキタスの殉教』の著者は次のように記している。ちなみにこの二人の女性は北アフリカ、カルタゴから北へ四四キロ離れたトゥブルボ（現在のテブルバ）で逮捕され、二〇三年三月七日に殉教している。彼女らはいずれも、逮捕当時、洗礼志願者であった。ペルペトゥアは都市参事会階級の家庭に生まれ、高い教育を受けていた。出産後まもなく逮捕されたことで乳飲み子を抱えて、行政官の官邸に拘束された。ここで洗礼を受けたことが状況を悪化させ、地方総督の司法権の手に移され、死刑の判決を受け、カルタゴに移され、殉教することになる。獄中の心境を自ら綴っているが、その多くは幻視の記録である。それを元に殉教録をまとめた筆者は次のように記している。

「古い時代の信仰の模範には、神の恵みを証しするとともに、人間を教え強める働きがある。それ故、そのような模範（の記録）を読むことによって、人々がその行為をまるで目の当たりにするように知って、神が崇められるとともに、人間が慰めと力づけを得るようにと、先人の模範は文字で書き留められてきた。そこで、同様にこの目的にかなう新しい実例もまた書き留められるべきであろう。というのも、新しい実例もまた、いつの日か同じように古いものとなって、後代の人々にとって必要となるからである。もっとも、古い時代を重んじるのが当然とされているため、新しい実例は、それが起こった時にはあまり権威があるとは見做されないけれども。

しかし、あらゆる時と時代に、唯一なる聖霊の力が同じように働いていると考える人々は、次のことを理解して欲しいものである。それは、より新しいものはどれも、一番最後のものであるので、より偉大であると見做されるべきであるということである。……

それ故、私たちは、同じように約束された新しい予言と新しい幻を承認して重んじるとともに、それ以外の聖霊の働きも教会を守り育てるものと認めている。聖霊が教会のために遣わされたのも、主が一人一人に分け与えて下さったように、あらゆる人にあらゆる賜物を与えるためである。それ故、私たちはその賜物を書き留めるにとどまらず、それを読んで、（人々に）広く知らせ、神に栄光を帰する必要がある。それは信仰の弱い人、あるいは信仰に望みを置かなくなった人が、殉教や啓示の恵みに関して、『古の人々の間でだけ、神の恵みは働いていた』と考えることがないためである。しかし、神はその約束を常に果たし、未信者には証拠を、信者には恵みを与えて下さっているのである」（一・1―5＝邦訳、七七―七八頁）

二　隠修士・修道者たちの生涯

a　アタナシオスの『アントニオス伝』

修道生活の創始者と言われるアントニオス（二五一―三五六年）の生涯を書き記した『アントニオス伝』は、アレクサンドリアの司教アタナシオス（二九五―三七三年）の著作の中でも最も親しまれ、後代まで読み継がれてきた。キリスト者の信仰生活、霊的生活、特に以後、東西キリスト教界で活発になる修道生活の上で、この書が後代に与えた影響を考えると、古代キリスト教教父たちの著作の中でもこの書に勝るものはないとも言えよう。西方のラテン語圏ではアンティオケイアのエウァグリオス（三二〇頃―三九四年頃）の翻訳によるものがあるが、近年の研究で、それよりも更に古いラテン語版（訳者不明）が存在したことが知られ、この版の方がエウァグリオス版よりもギリシア語原文に近いことが明らかにされた。その影響の大きさは、西欧の教師とも言われる、最大のラテン教父アウグスティヌスのキリスト教への入信、受洗を決意する契機の一つにアントニオスの生涯を知ったことが挙げられていること（『告白録』八・六）からも容易に推察できよう。

本書に見られる記述からアタナシオスはアントニオスと親交をもっていたことは確かであるが、若い時代にアントニオスに師事し、荒れ野で隠修士として生活していたか否かは定かではない。『砂漠の師父たちの言葉』に出てくるアントニオス像との違いから、本書に述べられたアントニオス像の歴史的な資料価値を否定する見解もある。アタナシオスの本書執筆の動機は、彼自身の中心的なテーマである「神化」の過程をアントニオスの生涯を通して描くことにあったことは確かである。しかし、アントニオスと実際に交流のあった人々が現存する時期に、あまりにも実像とかけ離れたものであれば相当に強い拒絶反応が起きたはずである。

いずれにしても、アタナシオスはアントニオスの生涯を通して、隠修士たちの生き方と理想を具体的に表わしており、その意味で、「説話形式による修道（隠修）生活の規定」というナジアンゾスのグレゴリオスの評価（『講話』二一・5）は当を得たものと言えよう。実際、アタナシオスは次のような言葉でこれを書き始めて、また締めくくっているのである。

「あなたがたは、エジプトの隠修士たちに匹敵する者、あるいは、なりうるものなら、あなたがたの諸徳に対する熱意で彼らを凌駕したいという、彼ら（エジプトの隠修士たち）に対する高貴な競争に挑んでいる。確かに、あなたがたの間にも隠修士たちがおり、彼らの名前があなたがたの間で話題にされている。したがって、あなたがたの、この企図は正当に評価されるであろうし、あなたがたの祈りによって、神が成就させてくださるであろう。ところで、思い出も聖いアントニオスの言行を知りたい、すなわち、どのようにして神への奉仕に励む生活を始めたのか、そのような修行〔を始める〕前はどんな人だったのか、どのような最期を迎えたのか、彼について語られていることは真実なのか知りたいし、それを聞いて彼の熱意に煽られ、彼に似た者になるまで進歩したいと願って、あなたがたは私に質問の雨を降らせるので、快く、喜んであなたがたの要請に応えることにした。実に、アントニオスを思い起こすことだけでも、私に大きな益がもたらされるのである。当然、あなたがたも〔アントニオスの生涯を〕聞けば、その人となりに感嘆するとともに、その企図を妬ましく思うにちがいないと、私は確信している。確かに、〔彼の生涯は〕隠修士たちにとって、修行のまたとない手本である」（序１―３）

「〔以上で述べて来た〕すべてのことを〔あなたがたの〕兄弟たちに読ませ、隠修士たちの生活がいかなるものであるか学ばせ、主と我らの救い主イエス・キリストに栄光を帰す人々に〔主が〕誉れを与えられ、最後まで〔主キリスト〕に仕える人々は天の国に迎え入れられるだけでなく、彼らの神聖な徳行のため、また至る所で他の人々にもたらした益のために、この世では隠れ隠棲しようと努めたにもかかわらず、人々に知られ評判になる者とされることを納得させてほしい」（九四・１）

b　スルピキウス・セウェルスの『マルティヌス伝』

トゥールの司教マルティヌス（三一六／七―三九七年）は、パンノニア（現ハンガリー）の出身で、十五歳で騎兵となり、三五六年に十八歳で洗礼を受けると直ちに退役している。師であるポアティエのヒラリウスがアレイオス論争の煽りで東方に追放されていた間、隠遁生活を送っていたが、師の帰還とともに、ポアティエ近郊にガリアでの最初の修道院を設立している。三七一年にトゥールの司教に任命されるが、しばらく後で修道生活に戻っている。彼の伝記を書いたのがスルピキウス・セウェロス（三六三―四二〇年）である。これはマルティヌスの生存中に書き上げられたが、公にされたのは死後のことである。大衆向きに書かれており、アタナシオスの『アントニオス伝』と並ぶ聖人伝の名著として、後代に大きな影響を及ぼすことになる。著者自ら著述の意図を、「もし私が今度は他の人々の模範として役立つように、きわめて聖なる人の伝記を書き留めたならば、それは有益な仕事になると考えた。そうすれば読者たちは真の叡知や天国の戦い、さらには崇高な徳に鼓舞されることになろう」（一・6）と記している。冒頭によく知られたエピソードが記されている。それはまだ回心前の兵役に就いていた時のことである。貧しい裸の男と出会ったが、施す物を持っていなかったので、羽織っていたマントを剣で半分に切って与えたところ、夢で半分のマントをまとったキリストが現れたというものである（三・1―4）。この話はよく知られ、フランスやイタリアでは彼の祝日（十一月十一日）の前後の小春日和の気候を「聖マルティヌスの夏」と言う習慣があるほどである。また、このことはアシジのフランシスコの似たような故事とも比較される。さらに、「貧しく謙遜なマルティヌスは富む者となって天国に迎えられた」（手紙21＝SC 133, 344）という言葉は、そのままフランシスコに援用されて、「貧しく謙遜なフランシスコは富む者となって天国に迎えられた」となって彼の祝日の典礼文に採り入れられている。著者はこの伝記を補うものとして『対話』をも著している。

c　グレゴリウス一世の『対話』

グレゴリウスは元老院議員の家庭に生まれ、三〇歳早々にローマの市長職に就くが、父の死後、シチリアにある地所に六つの修道院を建て、ローマの両親の邸宅にも修道院を建て、一時（五七四—五七五年）彼自身も隠棲生活を送っていた。母も父方の叔母たちも修道生活を送っていた。このようにグレゴリウス一世（在位五九〇—六〇四年）は霊的生活の権威者として中世以降、大きな影響を与えたと言われるが、五九三—五九四年に四巻から成る『イタリアの師父たちの生涯と奇跡についての対話』を書き上げている。第一巻では十二人の、第三巻では三七人の行った奇跡に関する逸話が集められている。第四巻では魂の不死性が論じられている。第二巻にはヌルシアのベネディクトゥス（四八〇—五四七年）に関する逸話がまとめて収録されている。グレゴリウスと助祭ペトルスの対話の形をとっているが、対話というよりも途中で口を挟んで出来事の霊的な意味を問うペトルスに答える形になっている。それがグレゴリウス自身の霊的生活についての考えを披露することになっている。第一章から第八章9でスビアコ時代が、以下、終わりの第三八章までモンテ・カッシーノ時代が語られている。歴史的な叙述というよりも奇跡を中心にしている。例えば、第三章では悪魔によって肉の誘惑に襲われた折に、刺のある灌木の茂みに裸で飛び込んだ話、第三三章では、修道女であった妹スコラスチカを訪れて帰ろうとしたとき、妹に引きとめられたが拒絶すると、妹の祈りに応えて突然、雷鳴と豪雨が襲い、仕方なく一晩中、語り明かしたが、その三日後、妹の魂が鳩の形で天に上って行くのを見た、というよく知られた逸話が語られている。

三　アシジのフランシスコの伝記

フランシスコの霊性の研究家タデエ・マトゥーラが面白いことを述べている。「最近、わたしはフランシスカン霊性のヴィジョンについてのイタリア語の本が必要になりました。ミラノでのことです。この街でわたしが知っている中で、一番たくさん宗教書がおいてあるミラノ大聖堂の真裏にある本屋へと向かいました。まっすぐに『霊性』のコーナーへと足を向けると、そこでは広い範囲を扱っており、よく整理されていて、ありとあらゆる本がありました。……しかし、フランシスカン霊性に関するものはありませんでした。それでわたしは『聖人伝』のコーナーへ行かなければと思いました。確かに、そこではフランシスコの『生涯』を描いた数多くの本と、彼の書き物のいくつかの翻訳版を見つけることはできましたが、ただそれだけしかありませんでした」。そして、次のように自問しています。「キリスト教のほかのすべての霊性もまた、通常、ある傑出した人物たちによって生み出されましたが、なぜ、フランシスカン霊性だけが必ずフランシスコの生涯に立ち戻っていくのでしょうか。そしてなぜ、この霊性だけがある点でその生涯と同一視されるのでしょうか」（『フランシスコ、霊性の教師』小西広志訳、一〇―一一頁）。彼は、フランシスコの霊性の源泉が秘められている、その書き残した作品があまり顧みられてこなかったことを嘆いているのであるが、現実には、さまざまな人々にインスピレーションを与えてきたのは、その言行であり生涯であったと言わなければならない。

確かに、アシジのフランシスコに関する伝記類の数の多さには目を見張るものがある。近代に至ってもポール・サバティエ（一八五八―一九二八年）のフランシスコ伝（一八九三年）を初めとし、デンマークの詩人J・J・ヨルゲンセン（一八六六―一九五六年）の伝記（一九五二年）とフランシスコ所縁の地の巡礼記、ギリシアの作家N・カザンツァキス（一八八三―一九五七年）のもの、さらに現代においてもジュリアン・グリーン（一九〇〇―一九九八年）のフランシスコ伝（一九八三年）などのさまざまな分野の人々が手がけており、我が国でも下村寅太郎（一九〇二―一九九五年）の『アッツの聖フランシス』（南窓社、一九六五年）がある。しかし、それらの基礎となっているのは彼の死後まもなく書かれた伝記である。それらの初期の伝記類の形成にはさまざまな問題が秘められているがここではそれに触れないこととする（興味のある方は、例えば邦訳『完全な鑑』に付された三邊マリ子氏の「解説」を参照されたい）。

a　チェラノのトマスによる『第一伝記』『第二伝記』

『第一伝記』は最初に書かれたフランシスコの伝記で、一二二八―二九年に教皇グレゴリウス九世の命によって書かれた。『第二伝記』は一二四四年にフランシスコ会の総長クレシェンツォ・ダ・イエージに依頼されて書かれた。さらに一二五〇—五三年に、総長ジョヴァンニ・ダ・パロマの命によって同じ著者によって『奇跡の書』が書き上げられている。

『第一伝記』の正式な表題は『幸いなるフランシスコの生涯』であり、「わたしどもの父で、いとも祝福されたフランシスコの行いとその生涯を、優れた案内人で教師でもある真理にしたがってここにつつしんで順序正しく語ろうと思います。……師父の話したことや、信頼に値する確かな証人から聴いたところを、言葉の乏しさをも顧みず、可能なかぎり説明しようと思う」という言葉で始まっているように、フランシスコの逸話が年代順に並べられている。

これに対して『第二伝記』の正式な表題は『魂の憧れの記録』といい、『第一伝記』を補完するために書かれたものである。「この小品には、まず第一に、以前に他の伝記が作成されたときに、まだ著者の耳に入っていなかったので載せられなかった、聖フランシスコの回心に関するいくつかの出来事が述べられています。次に我らは、聖なる師父が自分に関してもその子らに関しても、何を望んでいたか、どんな完全で芳しい理想を持っていたか、そしてすべての霊的な訓練と、最高の完全さに達するための真剣さによってこの理想が、神様との愛に満ちた聖なる交わりにおいても、また、他人の様々なしかたで示した手本においても、実現されたかを描写し、明らかにしようとしました。そして、ふさわしいと思った所では、いくつかの奇跡を書きいれました」（プロローグ2）と著者自ら述べているように、『第一伝記』に記されなかった逸話を収めた第一部と、フランシスコの聖性と教訓と理想を表わす逸話を収めた第二部からなり、重点は第二部に置かれている。

b　ボナヴェントゥラの『大伝記』と『小伝記』

一二六三年、当時、総長であったボナヴェントゥラは総集会の要請を受けて、『聖フランシスコの大伝記』を書き上げ、一二六六年の総集会でその書は会公認の唯一の伝記と決定された。ボナヴェントゥラは『聖フランシスコの小伝記』をも書き上げているが、これは大伝記を元に典礼での朗読用にまとめられたものである。

ここで「伝記」と訳された原語は「レジェンダ」である。これは時として「伝説」と訳される場合もあるが、「読まれるべき物」の意味である。つまり、中世の修道院の食堂で食事中に、あるいは典礼祭儀において朗読されることを目的として著されたものであり、歴史的な正確さを旨とするよりも、教化を第一としている。

ボナヴェントゥラは「序文」で次のように述べている。

「キリストにとっては愛すべき、わたしたちにとっては模倣すべき、世にとっては驚嘆すべきこの神の使者がフランシスコであったことは、彼にみられる卓越した聖性の高みに注目すれば、疑いのない確信をもって断言できることです。その聖性によって、人々の間で生きていたときから天使の清らかさに倣う者であり、キリストに全面的に従おうとする人々にとって模範となっておりました」

「これほど尊く、あらゆる点で模倣するに値する人の生涯を描くのに、わたしはふさわしくなく、不十分であると自覚しています。兄弟たちの熱心な勧めがなかったなら、また総会が満場一致でわたしを駆り立てなかったなら、さらに聖なる父に対してわたしが抱かずにはいられない敬愛の念がわたしを突き動かさなかったなら、このようなことを試みることは決してなかったでしょう。今でもよく憶えているのですが、子供のころ、わたしは聖なる父［フランシスコ］の祈りと功しによって死の淵から救われたのです。ですから、人々の前で聖なる父をほめたたえず黙っているなら、恩知らずと責められるのではないかと恐れずにはいられません」

「後世の人々に伝えるにあたって、その生涯の真実をいっそう的確に、いっそう明らかに知るために、わたしはこの聖人が生まれ、生活し、帰天した場所を訪れ、まだ生存中の仲間の人々、とりわけ彼の聖性をよく知り、彼に従った人々の中でも特に傑出した人々から細心の注意を払って話を聞きました。その人々の誠実さは認められており、その徳も保証されていますので、信頼に値することには疑問の余地はありません。

この僕［フランシスコ］を通して恵み豊かに神が行われたことを述べるにあたって、凝った華麗な文体は用いないことにしました。飾り立てた表現よりも単純な表現の方が読者に敬虔の念を起こさせるものだからです。混乱を避けるため、記述はかならずしも年代順には配列しませんでした。むしろ主題に則して配列し、適当と思われるときには、別々の時期に起きた同じような出来事を一つにまとめ、同じ時期に起きた出来事を別々にして述べたりしています。

さて、フランシスコの生涯、その発端、展開、終局は、次の十五の章に分けて語られます。

一　世俗の衣服を身に着けていたころの生き方について
二　神への完全な回心と、三つの聖堂の修復について
三　修道会の創設と会則の認可について
四　聖人の指導のもとでの修道会の発展と先に認可された会則の再確認について
五　厳格な生活について、および被造物がいかに聖人に慰めを与えたか
六　謙虚さと従順について、聖人のささやかな願いを神が寛大にも聞き入れられたこと
七　貧しさへの愛、欠乏が奇跡的に満たされたことについて
八　愛のこもった敬虔さについて、また理性を欠く被造物がいかに聖人に対して愛情深かったか
九　愛に対する熱意と殉教への願いについて
一〇　祈りの熱心さとその効力について
一一　聖書の理解と預言の霊について
一二　説教の効果と癒しの恵みについて
一三　聖痕について
一四　その忍耐と死について

郵 便 は が き

料金受取人払郵便

銀 座 局
承 認

4765

差出有効期間
平成28年10月
31日まで

104-8790

628

東京都中央区銀座4－5－1

教文館出版部 行

◉裏面にご住所・ご氏名等ご記入の上ご投函いただければ、キリスト教書関連書籍等のご案内をさしあげます。なお、お預かりした個人情報は共同事業者である「(財)キリスト教文書センター」と共同で管理いたします。

●今回お買い上げいただいた本の書名をご記入下さい。

書名

●この本を何でお知りになりましたか

1．新聞広告（　　　）　2．雑誌広告（　　　）　3．書　評（　　　）
4．書店で見て　5．友人にすすめられて　6．その他

●ご購読ありがとうございます。
本書についてのご意見、ご感想、その他をお聞かせ下さい。
図書目録ご入用の場合はご請求下さい（要　不要）

教文館発行図書 購読申込書

下記の図書の購入を申し込みます

書　　名	定価（税込）	申込部数
		部
		部
		部
		部
		部

●ご注文はなるべく書店をご指定下さい。必要事項をご記入のうえ、ご投函下さい。
●お近くに書店のない場合は小社指定の書店へお客様を紹介するか、小社から直送いたします。
●ハガキのこの面はそのまま取次・書店様への注文書として使用させていただきます。
●DM、Eメール等でのご案内を望まれない方は、右の四角にチェックを入れて下さい。□

ご氏名　　　歳	ご職業

（〒　　　　）
ご住所

電　話
●書店よりの連絡のため忘れず記載して下さい。

メールアドレス
（新刊のご案内をさしあげます）

書店様へお願い　上記のお客様のご注文によるものです。
着荷次第お客様宛にご連絡下さいますようお願いします。

ご指定書店名	取次・番線	
住　所		（ここは小社で記入します）

一五　列聖と遺体の移転について

最後に、その幸いなる死の後に行われた幾つかの奇跡について述べられます」

（序2－5＝小高私訳）

ここで長くなることを承知の上で章立てをも引用したのは、本書が生涯の順に従いつつも、フランシスコの聖性と教訓と理想を示す逸話を集めたものであることが明らかになると思ったからであるが、さらに三様の道に沿って組み立てられているとも指摘されるのを明らかにしたかったからである。つまり、第五章―第七章は「浄化」、第八章―第一〇章は「照明」、第一一章―第一三章は「一致」の三段階に従って分けられていると指摘されている。またさらに、読み書きのできる兄弟の少なかった当時のフランシスコ会においてはボナヴェントゥラの主著『魂の神への道程』を読める兄弟は少なかったので、この『大伝記』はその注解書の役割を果たしていたとも指摘されている。また十字架のイエスの傷跡（聖痕）を受けるまでにキリスト化されていくフランシスコの生涯を描いていることで、神化のモデルとしてアントニオスの生涯を描いたアタナシオスの『アントニオス伝』に比することもできよう。

c　『聖フランシスコの小さき花』

本書の大部分は一三二七―四〇年ころ、マルケ地方のフランシスコ会士たちによって書かれたラテン語の原書を元に、トスカーナ地方のイタリア語で書かれている。「聖痕についての五つの考察」「兄弟ジネプロの伝記」「兄弟エジディオの伝記」「兄弟エジディオの言葉」「補足された章」からなる続編がある。日本で言う「妙好人」にも通じるフランシスコ像に日本でも人気のある作品である。

四　『黄金伝説』

本書は「聖書についで最も多く、最もひろく読まれたキリスト教の書物」であると言われる。ドミニコ会士でありジェノヴァの司教であったヴァラッツェのヤコブス（一二二八／二九―一二九八年。ヤコブス・デ・ウォラギネとも表記される）によって、一二六三年から七三年までの一〇年をかけてまとめられた聖人伝の集大成である。本書は広く愛読され、多くの写本が作られ、それぞれの地方の言語に翻訳されたが、その都度、そこに入れられていなかった聖人が加えられていった。ちなみに現存する最古の写本は一二八八年に筆写されたもので、一八二章から成っているが、一四七〇年の最初の印刷版は四四八章から成っている。また、その後の一五〇〇年までにおよそ七〇の印刷版が作られている（『新カトリック大事典Ｉ』八八七頁）。邦訳版は一七六章から成っている。

『黄金伝説』という表題は著者の付けたものではなく、「諸聖人の生涯」「新伝説」「新殉教録」などの名で呼ばれていたが、いつしか『黄金伝説』という表題が一般的になった。

内容を見ると、まず主軸となるのは典礼暦年に沿って、主の誕生から始まり、七、六、五、四旬節――第二ヴァティカン公会議後の典礼刷新まで、四旬節は前倒しされ七旬節から始まっていた――、主の受難、復活、聖霊降臨と典礼の期節が説明される。第二に、その流れに沿った聖人の祝日に合わせてその生涯と逸話が記されている。ここで語られている逸話は民衆の信仰を鼓舞したのみならず、多くの詩人、画家たちにインスピレーションを与えてきた。その一例として、邦訳の訳者は芥川竜之介の『きりしとほろ上人伝』が本書の九五、『奉教人の死』が本書の七九に基づいていることを指摘している（邦訳「解説」、五四九頁）。

五　自叙伝

a　アウグスティヌスの『告白録』

「西欧の教師」「西方キリスト教会の精神的支柱」と評されるアウグスティヌスが、自分の「回心に至るまでの過程を追憶し、自己において実現された神の憐れみの業の偉大さを教会共同体のなかで証言し、賛美」した（加藤信朗＝『新カトリック大事典 I』四六頁）のが、全十三巻からなる『告白録』である。第一巻から第九巻までが自伝にあたる。教皇ベネディクト十六世は本書について次のように指摘している。「神を賛美するために書かれた、たぐいまれな霊的自伝です。アウグスティヌスの最も有名な著作でもあります。アウグスティヌスの『告白』は、その内面性と心理への関心のゆえに、現代に至るまで、非宗教的文学を含めた西洋と西洋以外の文学の独自のモデルとなったといえます。霊的生活、自己の神秘、自己のうちに隠された神の神秘への注目は、前例を見ない特別なものであり、これからもずっと、いわば霊的な『頂点』であり続けます」（『教父』二五九—二六九頁）。

我が国におけるアウグスティヌス研究に関しては、東大で教鞭をとったケーベルの影響のもとで、石原謙、岩下壮一らによって本格的な研究が開始され、多くの研究家が輩出し、優れた研究書が公刊され、その主要作品を網羅する三〇数巻に及ぶ翻訳『アウグスティヌス著作集』が刊行中である。しかしながら、我が国においてアウグスティヌスへの関心は宗教者・信仰者・司牧者としてよりも思想家・哲学者としてのほうにあったように思われる。本書に関して言えば、既に一九〇七年に『懺悔録』という表題のもとに宮崎八百吉によって翻訳され、その後も多くの翻訳書が出版されてきたが、多くの場合、「世界思想家全集」といったものに採り入れられてきた。ベネディクト十六世は「古代キリスト教文書の中で今なおもっともよく読まれている書物である」と指摘している（『教父』二八六頁）が、残念ながら、我が国では、若いころ、性的に奔放な生活を送り、ある女性と同棲して一子を儲けたが、劇的な回心を遂げたこと、その陰に母モニカの涙があったといった表面的なことのみが伝えられてきたのであって、実際に本書を手にして通読した、ごく普通のカトリック信者は少なかったし、今でもそうであると言っても過言ではないと思う。

b　ロヨラのイグナティウスの『ある巡礼者の物語』

本書は「自叙伝」とも言われているが、正確に言うならば、著者自らが書き記したものではない。彼の秘書を務めていたデ・カマラというイエズス会士が、毎昼食後、彼と語り合い、聞き出したことを書き留めたものである（引用はエバンヘリスタ、佐々木訳による）。したがって、冒頭の言葉も、「わたしは」ではなく、「かれは二十六歳のときまで世俗の虚栄におぼれていた」と始まる。第三章にマンレサでの体験が語られている。この時の体験が『霊操』の元になっていると言われる。その時のことを彼自身、次のように語ったという。

「このときかれが理解したことはたくさんあるが、それらを詳述することはできない。ただ、理性に大いなる照らしを受けたことは確かである。したがって六十二歳を迎える今日までの生涯を通じ、神が教えてくださったすべてと、自ら学んで来たすべてをひとつにまとめたとしても、このとき一度で受けた照らしには及ばないように思われた」（三・30）

なお、イグナティウス自身が記した日記が残されている。現存するのは一五四四年二月二日から翌四五年二月二十七日までの十三か月分である。

c　アビラのテレサの『自叙伝』

本書は一五六二年にドミニコ会士ガルシア・デ・トレドに「自分の念禱方法や主から受けた恵み」を書き記すようにとの命令を受けて書き始められ、三年後に書き上げられたもので、彼女自身は「神の御憐れみの書」と呼んでいる。すでに見たテレサの重要な修徳書『完徳の道』『霊魂の城』と緊密に結ばれており、この書なしには他の二つの書は理解できないと言われる。つまり、本書は単に自分の生涯を年代的に振り返ったものであるのではなく、先に挙げた二書で展開される修徳ならびに観想についての彼女の考えが述べられている。邦訳に付された「序文」によると、本書は五つの部分に分けることができるという。

第一部（第一章―第一〇章）＝家庭の雰囲気、幼年時代、修道生活に入るにあたって体験した内的葛藤、修道院での生活、不思議な病気に罹ったこと。

第二部（第一一章―第二二章）＝霊魂という園に水をやる四つの方法にたとえて祈りの生活の発展、霊的生活の四段階を説明する。

第三部（第二三章―第三一章）＝自伝の続き。彼女の体験した超自然的現象の心理的描写。

第四部（第三二章―第三六章）＝改革カルメル会の最初の修道院の創立物語。

第五部（第三七章―第四〇章）＝神から受けた恩恵の叙述。

この本に触発され、ユダヤ教からキリスト教へ、さらにカルメル会修道女となり、アウシュヴィッツで殉教するに至ったのが哲学者であったエディト・シュタインである。彼女は次のように述べている。「私は別に選まず《ママ》に、ただ手あたりばったり一冊の本を取り出しました。それは『アビラの聖テレジアの自叙伝』と題されたあつい本でした。私はこれを読みはじめましたところ、もう夢中になってしまい、終りまで読みきらぬうちは、やめることができませんでした。私が本を閉じた時『これこそ真理だ』と自ら告白せずにはいられませんでした」（邦訳書「序文」二頁）。

d　リジューのテレーズの『自叙伝』

一八七三年に、フランスのアランソンで生まれ、一八八八年に、十五歳でリジューのカルメル会に入会し、一八九七年に、二四歳で死去したテレーズが書き残したのは『自叙伝』とわずかな詩にすぎないが、一九九七年に教皇ヨハネ・パウロ二世によって教会博士と宣言された。その自叙伝は『ある霊魂の物語』として死後、出版された。我が国では『聖テレジアの小さき花』という表題で出版されたことから「小さき花のテレジア」として親しまれてきた。その後『自叙伝の三つの原稿』という表題のもとに自筆の原稿の写真版が刊行され、初めに世に出た自叙伝は無理に合成されたもので、元来は、それぞれ別の人物に宛てて書かれたものであり、特徴も長さも異なるものであったことが明らかにされた（その特徴ならびに一つに合成されるに至った経過は邦訳版＝伊従信子訳『幼いイエスの聖テレーズ自叙伝——その三つの原稿』にも添えられている「初版まえがき」に記されているので、興味のある方はそれを参照されたい）。

ここでは彼女の霊的生活を表わしていると思われる幾つかの言葉を引用することにする。

「愛の学問――ほんとうにこの言葉は、なんと優しく耳に響くのでしょう！　私はこれ以外の学問を望みません。これを得るために、自分の富を皆与えてしまいましたが、それでも雅歌の花嫁のように何も与えなかったような気がします……（雅歌九・４）。私たちを神さまのみ心にかなう者とするのは、ただ愛だけであることがほんとうによくわかります。それでこの愛を唯一の宝として渇望しないではいられません。イエスさまは、この神聖なかまどに行くただ一つの道を、快く示してくださいました。その道とは、父の腕の中に何の恐れもなくまどろむ幼子の委託です」（241―242）

「ようやく、私は平和を見いだしました。教会の神秘体についても、聖パウロの言う肢体のうちに、自分にあてはまるものが、一つも見つかりませんでした。というよりはむしろ、どれにもみな自分を当てはめてみたかったのです……。ところが、愛が私の召命の鍵を与えてくれました。教会が、いろいろ異なる肢体から成り立っているからだであるならば、すべての肢体の中でもいちばん大切で、いちばん高尚なものが欠けているはずはないと悟りました。教会にも一つの心臓がある、そしてこの心臓は愛に燃えていると悟ったのです。（中略）

そこで、熱狂的な喜びのうちに私は叫びました。『おお、イエス、私の愛よ……。私は、私の

天職をついに見つけました。私の天職、それは愛です……』」(254)

ロヨラのイグナティウスの言葉から、この章を始めたが、イグナティウス自身が、回心の最初のきっかけとなった重傷を負った後の回復期に聖人伝を読み浸っていたことを語っている。「われらの主キリストと聖人たちの伝記を読みながら、かれはしばしば本を置いて、『聖フランシスコがしたこと、聖ドミニコがしたことを、もし、このわたしがするとしたらどうだろう』と自問した」(自叙伝一・7)と。

またアビラのテレサは聖ヨセフを保護者として選び、「念禱を教えてくれる師を持たない者は、この光栄ある聖人を導き手となさい。そうすれば迷う心配はないでしょう」と述べている(自叙伝六・8)。アウグスティヌスの『告白録』を読んでおり、「私は聖アウグスティヌスをたいへんお愛ししています」(同九・7)と記している。また、「聖女クララの祝日に、私は聖体拝領に行こうといたしますと、この聖女が非常な美しさに輝いてお現われになりました。聖女は私に勇気をもって私の計画を遂行するようにとおっしゃり、ご自分は私を助けてくださると言いそえられました。私はその時から聖女に対して大きな信心を持つようになりました」(同三三・13)とも記している。

さらにリジューのテレーズも、カルメル会の偉大な聖人であるアビラのテレサ、十字架のヨハネへの敬愛を示すだけではなく、アシジのフランシスコの「謙遜」に感心し(自叙伝251)、「聖バルトロメオのように皮をはがされて死にたい……、聖ヨハネのように煮えたつ油の中に投げこまれたい……、殉教者たちが耐え忍んだ拷問をすべて忍びたい……。聖アグネスや聖セシリアとともに私も自分の首を差し出し、また大好きな姉妹ジャンヌ・ダルクのように、イエス、燃える薪の中からあなたのみ名をささやきたい」（同252）と記している。

このように聖人たちは信じる者にとっては憧れであり、鑑でもあった。そしてまたそれは「聖徒の交わり」の証しでもあると言えよう。この章を終わるにあたって、聖人について述べたベルグソンの言葉を引用することにする。

「なぜ聖者達はこのように模倣者を有し、なぜ偉大な善人達はその背後に群衆を引きずって行ったか。彼等は、何一つ要求しない、しかも獲得する。彼らは訓誡する必要はない。彼等は存在してさえすればよい。彼等の存在が呼び声である」

（Ｈ・ベルグソン著『宗教と道徳の二源泉』平山高次訳、岩波文庫、四四頁）

第二部

修徳・修行論から霊性の神学へ

第一部でローマ・カトリック教会における修徳・修行論の形成を検証した。すでに指摘したように第二ヴァティカン公会議後、それらはあまり顧みられなくなってしまう。ここで、その間の動向を考察することにする。まず第二ヴァティカン公会議の開催される前には、どのような信仰生活が送られていたのかを記述した後、第二ヴァティカン公会議によって何が打ち出されたのかを明らかにする。ただし、ここでは信仰生活、霊的生活に関する点のみに限定して記述することになる。「アジョルナメント」（必ずしも適訳ではないが「現代化」）を掲げた同公会議後、カトリック教会は現代の潮流によって改革を迫られることにもなる。それらの動向について述べた後、公会議後、盛んに口にされる「霊性」とは何を言うのか考察することにする。

第一章　第二ヴァティカン公会議前後の信仰生活

これまでの第一部では意図的に「霊性」という言葉を使わないようにしてきた。それは「霊性」という言葉が頻繁に用いられるのは第二ヴァティカン公会議後のことだからである。少なくとも日本のカトリック教会においてはそうであったと言えよう。ではそれに代わってどのような表現が用いられていたのかと言うと、それは「完徳」であった。例えば、アシジのフランシスコの古い伝記の一つに『スペクルム・ペルフェクティオニス』というものがある。これは一八九八年にポール・サバティエの校訂によって現代によみがえったものである。我が国でも一九一九年の久保政夫訳を皮切りに三種類の邦訳が出版されているが、それらは『完徳の鑑』と訳されている。ちなみに、二〇〇五年に出版された石井健吾訳では『完全な鑑』となっている。これはアビラのテレサの『完徳の道』（Camino de Perfeccion）についても言えよう。さしずめ今日出版されるとすれば『完全への道』と訳されるであろう。

では第二ヴァティカン公会議後の進展を見る前に、同公会議の前後に、どのような信仰生活が営まれていたのか、簡単に描写することにする。ここに描写するのは、学問的な面というよりは、一般信徒が、あるいはごく普通の修道者がどのように信仰生活を送っていたのか、ということである。

いわば筆者の個人的な体験の描写とも言える。わたし自身そのころ洗礼を受け、数年後にフランシスコ会という修道会に入った者としての限られた記憶であることをお断りしておく。

主日のミサ

今日でもそうであるが、主日、つまり日曜日のミサに出席することは義務とされていた。「教会のおきて」の第一として「日曜日と守るべき祝日にミサ聖祭にあずかり、労働を休むこと」と規定されており、「重大な支障なしに、あるいは司祭の許しなしに、ミサ聖祭（またはそのおもな部分）にあずからないこと」は、この「第一のおきてに反する罪」に当たるとされていた（『カトリック要理』207、211）。当然、日曜日のミサにあずからなかったことは告解――現代では「ゆるしの秘跡」と呼ばれるが当時はこう言われていた――しなければならなかった。ちなみに「重大な支障」とは「病気、旅行、職務ならびに看護、保育などの愛の義務、または留守番などのような家事のやむを得ない場合、および教会の遠いときです」（同209）と説明されている。

このミサであるが、現代と異なり、ラテン語で行われていた。説教は国語で行われたが、今日ほど重視されなかった。おそらく説教は「ミサのおもな部分」には含まれていないと思われていたのであろう。熱心な信徒はラテン語と日本語の対訳形式の『主日のミサ典書』を所持した。また、いつからの習慣か、ミサの後、説教台から『カトリック（公教）要理』を数項目読み上げるところもあった。

また聖堂内での男女の席が左右に分かれており、夫婦が並んで着席することもなかった。

告解の強い奨励

先に挙げた「教会のおきて」の第二として「少なくとも毎年一度告白すること」と規定されていたが、毎月一度は告白することを強く勧められていた。そして、告白にあたっては、細かい糾明の箇条が祈りの本（たとえば『公教会祈禱文』）に掲げられていた。先ず十戒に則した箇条、次いで「教会のおきて」に則した箇条、最後に罪源、つまり高慢、貪欲、嫉妬、邪淫、貪食、憤怒、怠惰に則した箇条が掲げられている。それらによれば小心に陥らずにはいられないまでに禁欲的生活、品行方正な生活が求められていた。

信心業の奨励

信心業が盛んに奨励された。特に強く奨励されたのはロザリオであり、十字架の道行であった。ロザリオの場合、三つの神秘が一週間の曜日に振り分けられ、月・木には「喜びの神秘」、火・金には「苦しみの神秘」、水・土・日には「栄えの神秘」が唱えられていた。毎週金曜日には十字架の道行が奨励された。その他、イエスの聖心の信心など、さまざまな信心業があった。ラテン語でミサが行われていたこと、司式者は参加者に背を向けていたなどのこともあって、ミサの間中、ロザリオの祈りを唱える信徒も見受けられたように、それらは時として行き過ぎたものとなることもあった。

霊的読書

後で触れることになるが、近年、盛んに聖書の「レクティォ・デイヴィナ」が奨励されているが、当時、奨励された「霊的読書」は聖人伝であり、信心書であり、聖書を読むことが奨励されることはなかった。むしろ、文語体のラゲ訳新約聖書が存在していたが、一九五三年にバルバロ訳の新約聖書が出るまで、カトリック訳の口語訳はなく、プロテスタントの聖書協会訳口語訳は読むのを禁じられていたのであるから、よほど進歩的で禁令を無視できる人でなければ聖書を読むこともなかった。したがって、まず何よりも奨励されたのが聖人伝であったと思う。ただし、当時はまだ『黄金伝説』の邦訳は出版されていない。代わりにあったのはこれをごく簡略にし、その後の聖人の略伝を加えたものが札幌の光明社から出された二巻から成る『カトリック聖人伝』（一九三八、一九三九年）であった。特に近代の聖人の紹介には力が入れられ、フランスの司祭ヴィアンネーらは翻訳のみならず、邦人によって伝記が著されている（戸塚文卿『聖ヴィアンネー――農村の改革者』一九六三年）。ルルドで聖母マリアの出現を受けたベルナデッタ（一八四四―一八七九年）は、各種の邦訳の他に、ヴェルフェル（一八九〇―一九四五年）によって小説化された『ベルナデッタの歌』の邦訳（片山敏彦・田内静三訳、エンデルレ書店、一九五〇―五一年）が出版されているし、邦人の手になる伝記もある。リジューのテレーズの自叙伝もよく読まれたものの一つであろう。一時、テレーズ（テレジア）の洗礼名を選んだ女性が多かったことも彼女の日本のカトリック界での人気の高さを表わしている。

もう一人日本で人気の高い聖人を挙げると、アシジのフランシスコである。カトリック書籍というよりも一般書籍として彼の伝記は出版されている。『完徳の鑑』も『小さき花』もそうである。ポール・サバティエのものは一九二五年に刊行されている（中山昌樹訳、新生堂）が、フランシスコ会内では、そのプロテスタント的見解が敬遠され、むしろヨルゲンセンのものが好まれた。

信心書としてまず第一に挙げられるのが『イミタティオ・クリスティ』である。すでに見たように聖書の口語訳が出される前におよそ二〇種の邦訳があった事実が、この書がどれほど読まれていたかを証ししていると言えよう。私事を言えば、受洗後、最初に購入した本がこの書であった。また、今も続けている所もあるが、古来、修道院や神学校では食事の間中、あるいは初めに霊的書物を朗読する習慣がある。多くの場合、聖書が選ばれるが、聖人伝の場合もある。わたしの経験では神学校に進んで初めの数年間、毎朝食の前に『イミタティオ・クリスティ』の数節が朗読されていた。しかし、その習慣もいつしか途絶え、今では全く顧みられなくなってしまった。この書に対する評価の激変はこの時期の変動を如実に表わしていると言えよう。これと並んでよく読まれたものの一つがフランシスコ・サレジオ（フランソア・ド・サル）の『信心生活の入門』であった。戸塚文卿訳の初版は一九二八年であるが、手元にある中央出版社版の一九三一年の初版は、一九七九年までに三六刷されていることにも人気のほどがうかがえる。

少し高度なものとなるとアルペ／井上訳の十字架のヨハネの『カルメル山登攀』（邦訳、一九五三年）、『霊魂の暗夜・愛の活ける炎』（一九五四年）、アビラのテレサの『完徳の道』（岩波文庫、一九五二年）、『霊魂の城』（田村武子訳、弘文堂、一九四八年／改訂版、中央出版社、一九五九年）、マルミオンの『霊魂の生命なるキリスト』『キリストの奥義を生きる』『修道者の理想なるキリスト』、フランスのトラピスト大修道院長ショータール（一八五八―一九三五年）の『使徒職の秘訣』（原著出版、一九一〇年。邦訳＝山下房三郎訳、ドン・ボスコ社、一九六六年）といったものが読まれていた。一九六五年にトマス・マートン（一九一五―一九六八年）の『観想の種子』（原著、一九四九年。邦訳、ヴェリタス書院）が出版されるが、この書は同じ年に『瞑想の種子』とのタイトルで別の翻訳が出版されている（長沢順治訳、中央出版社、一九六五年）。これを皮切りにマートンの一連の作品の邦訳が次々と刊行された。教皇ヨハネ二十三世（在位一九五八―六三年）の死後出版された『魂の日記』『わが祈りの日々』（いずれも小林珍雄訳で、一九六五年と一九六七年にエンデルレ書店から刊行されている）も霊的読書として読まれた。

第二章　第二ヴァティカン公会議

この公会議が開催されたのは今からさかのぼること五〇年前のことである。今、この原稿を執筆している二〇一三年、カトリック教会では、その開催から五〇周年を記念して「信仰年」（二〇一二年十月十一日から二〇一三年十一月二十四日まで）が祝われている。「信仰年」の開催を告示する自発教令『信仰の門』の中で当時の教皇ベネディクト十六世は「正しい解釈法に導かれ」なければならないと指摘したうえで次のように述べている。「公会議はたえず必要とされる教会刷新のために、力となることができますし、またいつまでも力となることができるでしょう」（5）。

聖書の重視

前章で見たが、この公会議の前までローマ・カトリック教会での聖書の翻訳はあまり進んでいなかった。典礼がラテン語で行われていたこともあるが、近代主義の逆風のおかげでもあった。もちろん、一九四三年の教皇ピオ十二世の回勅『ディヴィノ・アフランテ・スピリトゥ』によって原文から直接翻訳することが勧められていたが、それが本格化するには公会議を待たねばならなかった。聖書については『啓示憲章』で詳しく論じられるのであるが、一九六三年に発布された最初の公文書である『典礼憲章』において、早くも聖書の重要性が指摘されている。

「典礼を執り行うにあたり、聖書は最も重要なものである。聖書から朗読が行われ、これが説教によって説明され、詩編が歌われるからである。また、聖書の息吹と霊感から種々の祈りと祈願文と典礼の歌が生みだされ、行為としるしは聖書からその意味を受けるからである。したがって、聖なる典礼の刷新、発展、適応をなし遂げるには、東西両方の典礼様式の尊い伝統に見られる、聖書に対する愛情のこもった生き生きとした心を養う必要がある」（典礼憲章24、六四頁）

この指摘は画期的なことであった。それまでミサにおいては一方的に後半の聖体祭儀が重視され、前半の言葉の祭儀が軽視されてきたのに対して、この後、「神の言葉」と「キリストの体」の「二つの食卓」と言われるようになる。また、当然、聖書の現代語への翻訳が促進されることになる。それは一九六五年に発布された『啓示憲章』において次のように表現されている。

「教会は、主の御からだそのものと同じように聖書をつねにあがめ敬ってきた。なぜなら、教会は何よりもまず聖なる典礼において、たえずキリストのからだと同時に神のことばの食卓からいのちのパンを受け取り、信者たちに差し出してきたからである。教会は聖書を聖伝とともにつねに自らの信仰の最高の基準としてきたのであり、またそうしている。……教会のすべての宣教は、キリスト教そのものと同じように、聖書によって養われ導かれなければならない。実際、天におられる父は聖書の中で深い愛情をもって自分の子らと出会い、彼らとことばを交わすからである。他方、神のことばには非常に大きな力と能力が内在しているので、教会には支えとも活力ともなり、教会の子らには信仰の力となり、霊魂にとっては糧、霊的生活にとっては純粋な尽きない泉となって現れる。……」（21、四一〇―四一一頁）

そして、次の言葉をもって聖書の翻訳が奨励された。

「……神のことばはいつの時代にも自由に生かすことのできるものでなければならないので、教会は母の気遣いをもって、特に聖書の本文に基づいて、いろいろな言語に適切で正確な翻訳がなされるように配慮するのである。その翻訳が、機会に恵まれかつ教会の権威の同意のもとで、分かれた兄弟たちと共同で努力することによってなし遂げられるなら、すべてのキリスト信者がそれを用いることができるであろう」（22、四一一頁）

さらに「聖書の研究は神学の魂のようなものであるはずである」として、書かれた神の言葉を基礎とするとき、神学はきわめて堅固にされ、絶えず若返ると指摘される（24）。

このため聖職者、修道者に「絶え間なく聖なるものとして［聖書を］朗読し入念に研究することによって聖書に親しむ必要がある」と勧められるが、聖書を読むにあたっては、「神と人間との間に対話が成り立つように、祈りが伴わなければならない」と指摘されている（25）。このことは後に「レクティオ・ディヴィナ」としてさらに強調されることになる。

しかしながら、「教会の子らは安全かつ有意義に聖書に親しみ、聖書の精神で満たされるようになる」ことを要望するものの聖職者や修道者ではない信徒が聖書を読むことに関しては少々控えめである。「聖書、とくに新約聖書、とりわけ福音書を正しく用いることができるように、必要かつ十分な説明を備えた聖書本文の翻訳によって、適切に指導する責務を負っている」のは「使徒伝来の教えを託されている」高位聖職者であるとされている（25）。

そして、この公文書は「神のことばへの崇敬をますます深めることによって、霊的生活の新しい刺激を期待することができるであろう」という言葉で結ばれている（26）。

典礼の刷新

第二ヴァティカン公会議の大きな成果は典礼の刷新にあったと言えよう。その第一の変化は典礼においてそれまでもっぱらラテン語が用いられてきたが、自国語の使用へと転換したことである。この変換は『典礼憲章』ではごく控えめに「会衆とともにささげられるミサにおいて、国語にはふさわしく用いる機会をあたえることができる。とくに朗読と『共同祈願』において、また地域の状況によっては会衆に属するいくつかの部分においても、……国語を使用することができる」（54）

と述べられていたにすぎないが、瞬く間に国語化は推進された。一部にはラテン語に固執する動きもあるが、この趨勢は逆転することはあるまい。また、これがあって初めて、公会議が打ち出した典礼刷新が可能になったとも言えるのである。それは「信仰生活での典礼の中心性」と「信徒の典礼への行動的参加」である。

まず同憲章の冒頭で次のように述べられている。

「典礼によって、なかでも感謝の祭儀の神聖ないけにえにおいて『われわれのあがないのわざが行われる』ので、典礼は、キリストの神秘と真の教会のまことの本性を信者が生き方をもって表し、他の人々に明らかにするためにきわめて有益である。……典礼は教会のうちにある人々を日々、主における聖なる神殿、聖霊における神の住まいに築き上げ、キリストに満ちあふれる豊かさに達するまで成長させるのである。同時に典礼は、キリストをのべ伝えるために彼らの力を驚くほど強め、こうして外にある人に対しては、諸国民の中に掲げられたしるしとして教会を示し、散らされた神の子たちがこのしるしのもとに一つに集められ、一つの群れ、一人の牧者となるのである」（2）

それは典礼において復活したキリストが現存するからである。

「これほどの偉大なわざをなし遂げるため、キリストはつねにご自分の教会とともにおられ、とくに典礼行為のうちにおられる。キリストはミサのいけにえのうちに現存しておられる。……奉仕者自身のうちに現存されるとともに、また何よりも聖体の両形態のもとに現存しておられるのである。キリストは諸秘跡のうちに、ご自分の力によって現存しておられる。……キリストはご自身のことばのうちに現存しておられる。聖書が教会で読まれるとき、キリストご自身が語られるからである。……教会が嘆願し、賛美を歌うとき……現存しておられる。……

それゆえ、典礼祭儀はすべて、祭司キリストとそのからだである教会のわざであるので、他にまさる聖なる行為であり、教会の他のいかなる行為も、同等の資格や程度をもってこれに匹敵する効力をもつことはない」(7)

こうした上で、それまで司祭が司式し、一般信徒はそれに与るという形で、信徒はもっぱら受動的であったものが、行動的に参加することが推進されることになる。

「典礼行為は教会のからだ全体のものであり、これを表し、これに働きかけるが、そのからだの個々の成員には、身分、職務、実際の参加の違いに応じて、異なる仕方で関係する」(26)

「典礼祭儀においては、役務者であれ信者であれ、各自が自分の職務を果たし、そのことがらの本性と典礼上の規定によって、自らにかかわることだけを、そしてそのすべてを行わなければ

ならない」(28)

「行動的な参加を推進するために、会衆の応唱、答唱、詩編唱和、交唱、聖歌、さらに種々の行為すなわち動作と姿勢にも配慮しなければならない」(30)

共通祭司職

『典礼憲章』において一般信徒の典礼への行動的参加を打ち出した公会議は『教会憲章』において、それを「神の民の祭司職」「共通司祭職」として表現することになる。

「洗礼を受けた者は、新たに生まれ聖霊の塗油を受けることによって、霊的な家および聖なる祭司団となる。それは、彼らがキリスト信者としてあらゆるわざを通して霊的いけにえをささげ、闇から驚くべき光へと彼らを招いたかたの力を告げる者となるためである」(10)

「最高永遠の祭司キリスト・イエスは自分のあかしと奉仕を、信徒を通しても継続することを望み、自分の霊によって彼らを生かし、あらゆる善にして完全な働きをするよう、たえず彼らを駆り立てている。

実際、キリストは、自分のいのちと使命に密接に結びつける人々が、神の栄光と人々の救いのために霊的礼拝を行うよう、彼らを自分の祭司職に参与させた。したがって信徒は、キリストに奉献され、聖霊によって塗油されたものとして、霊の果実が自分の中につねにより豊かに実るようにするという感嘆すべき召命を受け、資質を与えられている。実際、彼らのすべての活動、祈り、使徒的取り組み、結婚および家庭生活、日々の労働、心身の休養が霊において行われ、また生活のわずらわしさを根気よく耐え忍ぶならば、これらのすべてはイエス・キリストを通して神に喜ばれる霊的いけにえとなり、感謝の祭儀において主のからだの奉献に合わせて、いとも敬虔に父にささげられる。このように信徒もまた、どこにおいても聖なる行いをもって神に礼拝をささげる者として、世そのものを神に奉献するのである」（34）

すべての信者が聖性に召されている

公会議の重要な文書である『教会憲章』の第五章は「教会における聖性への普遍的召命について」と題されており、聖職者、修道者のみならず、すべての人が聖性へと召されていることを次のように述べている。

「あらゆる完徳（perfectio）の神としての教師であり模範である主イエス自身が、聖性（sanctitas）の創始者また完成者であり、彼は、自分のすべての、また一人ひとりの弟子に、いかなる生活条件にあっても、生活の聖性を追求すべきことを教え……た」（40）

「すべてのキリスト信者は、聖性とそれぞれの身分における完徳とを（ad sanctitatem et proprii status perfectionem）追求するように招かれ、また義務づけられている」（42）

そしてそれを受けて『信徒使徒職に関する教令』では聖職者でも修道者でもなく、それまでいわば俗人とみなされてきた信徒について「キリスト信者としての召命は、その本性上、使徒職への召命でもある」。「この世のただ中で生活して世俗の仕事に携わることが信徒の身分に固有のことであるため、彼ら自身、キリスト教的精神に燃えつつ、パン種としてこの世において使徒職を果たすように神から召されている」（２）とした上で、信徒の霊的生活について次のように述べている。「この霊的助け（つまり、すべての信者に共通な霊的助け、特に聖なる典礼の行動的参加）を用いるのは、信徒が、日常生活における現世的務めを正しく果たす中で、自分の生活からキリストとの一致を切り離すことなく、神のみ心に沿って自分の仕事を行うことにより、キリストとの一致を深めていくためである。これこそ信徒が潑剌《はつらつ》とした明るい心で聖性を増してゆくべき道（via in sanctitate）である（る）」（４）。

ここでも修徳が語られている。信徒はまた、「職業上の専門知識、家庭および社会の一員としてのものの考え方、さらに社会的な習わしにかかわる諸徳（virtutes）、すなわち正直、正義感、誠実、親切、勇気（probitatem, spiritum iustitiae, sinceritatem, humanitatem, animi fortitudinem）を重視しなければならない。以上の諸徳がなければ、真のキリスト教的生活は成立しない」（４）。

聖性の起源

聖職者、修道者のみならず信徒もキリスト者として聖性への道を歩むべき者であると明確に規定されるが、その「聖性の源泉と起源」(omnis sanctitatis fons et origo) は三位一体の神にあること、また主イエスこそが「聖性の創始者また完成者」であることを明確に打ち出す (『教会憲章』47) とともに次のように述べる。

「実際、主はすべての人に聖霊を派遣し、聖霊は、人々が心を尽くし、精神を尽くし、思いを尽くし、力を尽くして神を愛するように、またキリストが彼らを愛したように、彼らも互いに愛し合うように、彼らを内面から動かす。キリストに従う者は、自分のわざによってではなく、神の計画と恵みによって神から召され、主イエスにおいて義とされ、信仰の洗礼によって真に神の子、神の本性にあずかる者、したがって実際に聖なる者とされたのである。したがって、神の助けのもとに、彼らが受けた聖性を生活において保持し完成しなければならない。使徒は彼らに対して『聖なる者にふさわしく』(エフェ五・3) 生活し、『神に選ばれ、聖なる者とされ、愛されている者として、あわれみの心、慈愛、謙遜、柔和、寛容を』身に着け (コロ三・12)、聖なるものとなるため、霊の実を結ぶように勧告している。また、多くの点で過ちを犯すわれわれは皆、たえず神のあわれみを必要としており、日々、『わたしたちの負い目をゆるしてください』(マタ六・12) と祈らなければならない」(『教会憲章』40)

「聖性は唯一である (una sanctitas) が、神の霊に動かされるすべての人々、そして、父の声に従い、霊と真理のうちに父である神を礼拝しつつ、貧しく謙虚にして十字架を担うキリストに従うすべての人々が、さまざまな生活のしかたと任務を通してそれをはぐくんでいる。それは、キリストの栄光にあずかるためである」(『教会憲章』41)

聖性に達する手段

そして、その聖性に達するための手段として最も重要なのが愛である。それは古来「注賦徳」と言われてきたように父である神によって注がれた聖霊の賜物である。

「神は、われわれに与えた聖霊を通して、われわれの心に自分の愛を注いだ。したがって、第一の、そしてもっとも必要なたまものは、われわれが万事に超えて神を敬い、神のために隣人を大切にする愛である。その愛がよい種として霊魂の中に育ち実を結ぶためには、一人ひとりの信者が神のことばを喜んで聞き、神の恵みの助けのもとに神のみ心を実行し、諸秘跡、とくに感謝の祭儀と典礼行為にしばしばあずかり、祈りと自己放棄、兄弟に対する行動を伴う奉仕と諸徳の実践に絶えず励まなければならない。すべてを完成させるきずなであり律法の完成である愛は、聖化のすべての手段を支配し、生かし、目的に導く」(『教会憲章』42)

修道会の刷新――創立者の霊性へ立ち戻る

すべてのキリスト者が聖性へと召されていること、したがって信徒の霊的生活の重要性が強調された一方、修道生活の教会への貢献を評価し次のように述べている。「独居あるいは共住のさまざまな生活形態と種々の修道家族が発展し、会員の完成（ad perfectum sodalium）とキリストのからだ全体の益のために寄与している。これら修道家族は、その会員に対し、より堅実な生活様式、完徳を追求するため（ad perfectionem prosequendam）の認可された教え、キリストの軍隊における兄弟的な交わり、従順によって強められた自由などの援助手段を提供する」（『教会憲章』43）。しかし、その上で「修道生活の刷新・適応は、キリスト信者のあらゆる生活形態の源泉ならびに会の原初の精神にたえず立ち帰ることと同時に、会を変化した時代の状況に順応させることを含むものである」（『修道生活の刷新・適応に関する教令』２）として修道生活の刷新を求めている。そして「キリストに従うこと」こそが「修道生活の究極的な規範」であり（２ａ）、修道者の奉献は「洗礼による奉献に深く根を下ろし、それをよりいっそう豊かに表現する特別の奉献をなしている」（５）と指摘されている。また、具体的に修道服についても進言している。「奉献のしるしである修道服は、簡素で慎ましく、質素であると同時に品位があるもの、健康のための要請にかない、時と場所の状況にも奉仕職の必要にも適合するものでなければならない。この規定に合致しない修道服は男子修道者のものであれ、女子修道者のものであれ、修正されなければならない」（17）。

この勧告を受けて、それぞれの修道会が刷新に取り組むことになる。創立者のカリスマへの回帰、共同生活の重視といったことが中心となっていくが、具体的には誓願にあたって修道名をつけるのを止めて洗礼名で通すこととか、修道服の簡略化あるいは廃止といったことが行われるのもこれに伴ってのことであった。

連帯性

「教会はキリストにおけるいわば秘跡、すなわち神との親密な交わりと全人類一致のしるし、道具」である（『教会憲章』１）と自らを定義した教会は、全人類、全世界との連帯を表明することになる。その『教会憲章』では次のようにそれは述べられている。

「今日、人類は、ますます政治的・経済的・社会的に一つに結ばれつつある。したがって司祭は、全人類が神の一つの家族となるよう、司教と教皇の指導のもとに、思いと力を一つにして、分裂のあらゆる原因を取り除かなければならない」（28）

「信者は、すべての被造物の深遠な本性、価値、神の賛美というその究極目的を認め、また世俗的活動によっても互いにより聖なる生活を目指して助け合わなければならない。それは、世がキリストの精神に貫かれ、正義と愛と平和のうちに、より効果的にその目的を達成するようになるためである。この任務をすべてにわたって果たす上で、信徒は主要な地位を占めている」（36）

そして、公会議の最後の公文書である『現代世界憲章』の冒頭で次のように謳いあげられている。

「現代の人々の喜びと希望、苦悩と不安、とくに貧しい人々とすべての苦しんでいる人々のものは、キリストの弟子たちの喜びと希望、苦悩と不安である。真に人間的なことがらで、キリストの弟子たちの心に響かないものは何もない。なぜなら、彼らの共同体が人間によって構成されているのであり、彼らは、キリストにおいて一つに集められ、父の国に向かう旅路において聖霊に導かれ、すべての人に伝えるべき救いのメッセージを受けている。したがってこの共同体は、人類とその歴史とに現に深く連帯していると実感している」（1）

そして、同憲章は次のような言葉で結ばれている。つまり、これは公会議の最後の言葉でもある。

「『互いに愛し合うならば、それによってあなたがたがわたしの弟子であることを、皆が知るようになる』（ヨハ一三・35）という主のことばを思い起こすキリスト信者は、ますます寛大かつ効果的に現代世界の人々に奉仕しようと熱望せずにはいられない。したがって、福音に忠実に従いその力にあずかるキリスト信者は、正義を愛し実践するすべての人とともに偉大な任務をこの地上において果たすことを引き受けているのである。……父のみ心とは、われわれがすべての人の中に兄弟キリストを認めて、ことばと行いをもって実際に愛し、こうして真理であるかたについてあかしし、天の父の愛の神秘を他の人々と分かち合うことである。こうして、全世界の人々は、いつの日かついに、主の栄光に輝く祖国において平和と最高の幸福の中に受け入れられるために、

聖霊のたまものである明るい希望へと駆り立てられるのである。［エフェ三・20—21の引用］」（93）

第三章　現代思潮からの影響

二十世紀の思潮の特徴の一つとして人間の身体性の発見が挙げられよう。それは、古代教会から続いたプラトン主義の影響、近代のヤンセニスムの影響という桎梏からの解放をもたらすことになった。しかし、それは逆に、それまでの修徳論の骨格を成していた禁欲、苦業といったことへの反撃ともなったのである。

一　プラトン主義の影響からの脱却

キリスト教はヘレニズム文化と出会ったことによって、ヘレニズム化されたとよく言われる。確かにヘレニズム文化、特にプラトン主義からの影響を強く受けたことは否めない。その最たるものが肉体観であったと言えよう。

旧約聖書における肉もしくは肉体

「聖書は、肉そのものを本質的に悪いものと考えたことは、けっしてない」と指摘される。「聖書では初めから終わりまで、〈肉〉という語は被造物としての人間の状態を表わす言葉とされている」。「人間が肉であるという場合、それは、人間が外面的・身体的・地上的な面を有すること、また体を通して自己を表現すること、要するに、地上における人間の特質を端的に表明している」。「織物師や陶器師にもたとえられる神の手で造りだされる人間の肉は、それだけでも感嘆に値するものである」。「病気・苦しみ・艱難などを叙した文脈にみられるように、体全体を意味していることもあるが、肉に対する軽蔑の痕跡は、聖書中どこにもみられない。それどころか、人間はけっしてこれを憎むことができないのである」（『聖書思想事典』六五四―六五五頁）。

このような考えを表わすものとして次のような聖書箇所が挙げられる。

「あなたはわたしの内臓を造り、
母の胎内でわたしを組み立てられた。
いと高き方よ、わたしはあなたをたたえる。
あなたは畏るべき方。それ故、わたしはひれ伏す。
あなたの業は不思議。
あなたはわたしの魂を知り尽くし、
わたしの骨はあなたに隠されていなかった、
わたしがひそかに造られ、

地の深い所で織りあげられた時でさえ」（詩一三九・13―15）

プラトン的な肉体観

肉体は魂にとって牢獄のようなものである、とプラトンが考えていたことはよく知られている。『法律』には次のような記述が見られる。

「魂は身体と全く異なるものであり、われわれのうちの誰をも真の意味でそのひとたらしめるものが、生命において魂にほかならないという立法者と、その確言に対し、ひとはいささかでも信頼しないと言ってはならない。死んだ後に死者の身体が空しいものと呼ばれることが正しいように、身体はわれわれ各人に影のように随伴するだけのものであり、これに反して魂と呼ばれる不滅のものとしての真の人間は、神のもとに行き、そこで総勘定をする」（959）

つまり、人間は身体と魂の結合したものであるが、その結合は緩やかなもので、身体は魂にとって乗物のようなものである。

「われわれが身体にからまれ、われわれの魂がこの悪に結びついている限り、われわれは決して充分にわれわれのあこがれる真理に到達しないだろう。なぜかといえば、身体はすでに栄養に対する欠くことのできない心配りをもってしても、無数の動揺をわれわれに引きおこし、さらにそれはあらゆる情欲、欲求、不安、いろいろな空想やくだらないものでわれわれを充たすからである。要するに、身体はわれわれを深く考えることのできない状態におくのである」

（『パイドン』66ｂ、ヒルシュベルガーによる引用の邦訳）

このように言われているように、魂は牢獄のような身体に監禁され、身体は魂に対する重荷となっている。プラトンは「身体は魂の墓である」とまで言っていると言われる（ヒルシュベルガー著『西洋哲学史Ⅰ古代』高橋憲一訳、一六八―一六九頁）。

グノーシス主義の肉体観

グノーシス主義の特徴の一つは二元論にあると言われるが、それが「反宇宙的」であるところにグノーシス主義の二元論の本質的な特徴があると指摘される。つまり、「可視的な世界はその創造者とともにはっきりと否定的に評価され、悪の、あるいは闇の王国とみなされる。……『悪』と『物質』の同一視が、グノーシスにおいては根本的な見解になっている」（クルト・ルドルフ著『グノーシス――古代末期の一宗教の本質と歴史』大貫・入江・筒井訳、六一頁）。すると当然、肉体は悪ということになる。そこからキリストの受肉も受難も単なる見せかけのもの（仮現説）ということになり、救いも十字架の死によるのではなく、自己の本質に関する知識の取得によるものとなる。また、肉体の否定は結婚の否定になり、性的な交わりも否定されることになる。「少なくともナグ・ハマディ文書について見る限り、性交はもちろん、性欲そのものをも悪魔視する禁欲主義が圧倒的に目立っている」ことが指摘されている（大貫隆訳著『グノーシスの神話』一六四頁）。

オリゲネスに見られるプラトン主義の影響

オリゲネスは聖書の教えに則して、この世界が神によって創造されたことを信じている。彼によれば、この創造の動機は神の善にほかならない。あふれる善、自らを与え尽くす善として父なる神が、善の像である御子を通して万物をすべて等しくかつ同様のものとして創造したのである。こうして創造されたのが理性的被造物であった。彼らにはそれぞれ自由意志の能力が賦与されていた。それは、まさに強制されてではなく自由に自分の善に参与させるためであった。善なる神から創造されたものとして本性上悪なるものは一つとして存在しなかったのである。ところが、無から創造されたものとして彼らは有限なものであり、可変的なものであったので、自由意志の乱用、怠慢によって、その善は失いうるものでもあった。実際、すべての理性的被造物が（ごく少数の例外を除いて）罪を犯したのであり、その多少によって彼らの間に相違が生じたのである。こうして、天使・悪魔・人間といった階層に別れることになり、人間の間にも様々な相違が生じたのである。実に、聖なる者らは「霊に燃える者」と言われるが、「神への愛から遠ざかった者らは、神への愛の点で、冷たくなってしまい、冷えきってしまった者」と言われるのであり、このため、聖書の中では、逆らう霊ども、すなわち、悪魔とその手先どもは、「蛇」とか「竜」とか「冷たい風」と呼ばれるのである。悪魔ほどではないが、同様に「神的・優れた状態から冷えた」ものが人間の魂である。つまり、元来、精神（ヌース）即ち純粋に知的・霊的存在者であったが、愛の冷却のゆえに魂となったのである（プラトン以来、魂［プシュケー］という語は語源的に「冷えたもの」［プシュコス］に由来すると考えられている）。換言すれば、善を保持するに怠惰で、労苦を厭い、より善なるものを避け、軽視することが、善から遠ざかる始めとなったのであり、善からの転落した程度に応じ、それに比例して悪くなったのである。ここに多様性の原因がある。創造主は、精神すなわち理性的被造物の多様性に応じて、種々多様な世を創造したのであり、各自の冷却の度合い、怠惰の度合いに応じた環境で、それに応じた様々な性質をもつ肉体を帯びたものとして、人間がこの世に生まれるようにしたのである。つまり、この理性的被造物の愛の冷却、怠惰という罪の故に物質界は造られたのである。

確かに、このようなオリゲネスの考えはプラトンの考えに近く、またグノーシス主義に通じるものがある。しかし、グノーシス主義の場合には、霊的なものの堕落の原因は無知にあるが、オリゲネスの場合は、その原因は怠惰であり、愛の冷却である。そして、グノーシス主義の場合は物質は悪であり、この世は悪であるが、オリゲネスの場合は、悪が物質界の創造の原因になってはいるが、物質そのものは決して悪ではない。また、プラトンの場合、魂が肉体をもって生まれてくるのは、罪の自然の結果であるが、オリゲネスの場合は、魂の肉体における誕生は、様々な試練を通して魂を教育しようとする神の摂理によることである。つまり、オリゲネスにとって、この世は魂の教育の場である。

とはいえ、オリゲネスも「我々の精神は血肉という牢獄の中に閉じ込められており、このような物質の関与によって弱く愚鈍になっている」（『諸原理について』一・一・五。小高訳、五五頁）と認める。しかしながら、そのような肉体を持っていること自体が罪なのではない。人間に付与されている決断の能力によって自由に悪を選び取るとき、罪となるのである。まだ公正と不正との識別はなく、善悪の基準も明白ではなかった幼年時代においては、罪はいわば死んでおり、罪と認められないとはいえ、彼らが罪を犯しているのもまた確かである。それは、肉体の生理的な衝動のままに生きているからであり、罪を犯す両親のもとに生を受け、その薫陶のもとに教育されるからであり、いわば罪の汚れを負っているからである。つまり、彼らは〈霊〉の配下にあるよりも〈肉〉の配下にあるのである。

もう一つオリゲネスにとって肉体とは何であったのかを考える契機となるものがある。それは若き日に自己去勢を行っていることである。このような行為に走った動機として、エウセビオス（『教会史』六・8・1―3）は二つのことを挙げている。第一の動機は、「天の国のために進んで閹人（去勢した者）となる者もある」（マタ一九・12）という「救い主の言葉を実行するためであった」。第二の動機は、彼自身若く、彼の聴講生には女子もいたので、「下種の勘ぐり」を断つためであったと言われる。「聖書の比喩的解釈の王者」と目され、生涯を通じて、ひたすら聖書を文字通りに解釈する人々と戦うことになるオリゲネスが、若き日には、すでに比喩的に解釈されてきたこの言葉を文字通りにとっているのは、興味深いことである。確かに、若い一途な情熱のなせる業と言うこともできよう。しかし、その背景に性に対する嫌悪感とまでは言えないにしても警戒心を読み取ることができるのではあるまいか。

最初の隠修士アントニオスに見られるプラトン主義の影響

無学なアントニオスが直接プラトン主義から影響を受けたとは考えられないのであるが、アタナシオスの描くその生涯には、それを思わせるものがある。一つは悪魔の誘惑である。この伝記の大部分は悪魔との戦いにあるが、次のような描写が見られる。

「今度は、腹の臍による武具に頼り、それを誇りとし――まさしくそれは若者に対する〔悪魔〕の罠である――、それによって武装した上で、この若者に向かい進み出た。夜は彼を撹乱し、日中は彼を煩悶させ、〔周囲の人々にも〕両者の戦いが見て取れるほどだった。一方が不潔な思いを吹き込むと、他方は祈りでそれを退けた。一方が汚れたことに意志を向けさせると、他方は恥ずべきことに遭遇したかのように、信仰と断食を城壁として自分の身を包み込んだ。あわれな悪魔は、夜中に、女に変身し、アントニオスを誘惑するために、あらゆる面で女のように振る舞うことまでやってのけた。〔アントニオスは〕キリストを思い、〔キリスト〕から得た魂の気高さと

洞察力を心に持し、〔悪魔〕の誘惑と情火の炭火を消してしまった」（五・３―５）

もう一つは、自分の裸を見ること、あるいは見られることへの警戒心である。これに関しては、アムンという隠修士に関することとして次のようなエピソードが記されている。

「ある時のこと、〔アムンは〕火急の用件でルプスという川を渡らねばならなくなったが、その時、川は満水だった。そこで、彼に同行したテオドロスという仲間に、裸で泳いで渡るのを見ないように、遠くに離れていてくれるよう頼んだ。テオドロスが去った後も、〔アムンは〕自分の裸を見るのも恥ずかしく思っていた。それで、裸になるのが恥ずかしく思い惑っていると、たちまち運び上げられ、またたくまに向こう岸に着いたのだった。テオドロスも大変敬虔な人物だったが、泳いで〔川を渡る〕と、〔アムンが〕全く水に濡れずに既に着いているのを目にした。そこで、どのようにして川を渡ったのか〔アムンに〕尋ねた。〔アムンが〕語りたくなさそうなのを見ると、彼は〔アムンの〕足をしっかりとつかむと言った、『教えてくださるまで、決して離しません』と。アムンはテオドロスの粘り強さを見て、語らざるを得ないと分かると、自分が死ぬまでは誰にも語らないと誓わせてから、このように語った。『私は持ち上げられ、川のこちら側に置かれた。私の足は水に触れなかったし、水の上を歩いたのでもない。このようなことは人間には全く不可能だが、神にはすべてが可能である』」（六〇・４―９）

兄弟ろば

父である神の善性を強調し、すべての被造物を兄弟姉妹と呼びかけたアシジのフランシスコであるが、彼は自分の肉体を頑固で御し難い「ろば」、「兄弟ろば」と呼んでいたことはよく知られている。『大伝記』には次のように記されている。

「反抗的であり、かつまた怠惰でもある肉を絶えざる訓練と有益な労働をもって抑制すべきことを、自らの模範をもって示したのでした。自分の肉体を兄弟なるろばと呼んでいましたが、それは［自分の肉体を］難儀な苦役を課され、しばしば鞭打たれ、粗末な糧で養われるものと考えていたからでした」（ボナヴェントゥラ『大伝記』五・６）

肉体をこのようにみなすのは激しい肉欲の誘惑と戦ったからであり、それは悪魔が引き起こすものであるから、肉体に苦業を課すことは悪魔に打ち勝つことを意味した。だから、次のようなエピソードとしてそれは語られることにもなる。

「悪魔はフランシスコに、この上なく激しい肉欲の誘惑を挑んできたのである。でも祝福された師父はそれを感じるや直ちに衣服を脱いで、固い縄で自分の体を激しく懲らしめながら言った。『おい、兄弟ろばよ、そのまま立って鞭を味わうのは当たり前だ。あの修道服は聖なる教会のものだよ。それを盗んではいけない。おまえはどこかへ行きたいならば行ってもよい』」

（トマス『第二伝記』八二・116）

そして、肉欲の誘惑に悩まされていた兄弟に次のように語ったと記されている。「わが子よ、わたしを信じなさい。実にわたしは、ちょうどそのことによってあなたが神のまことのしもべだと知りました。あなたが誘惑を受ければ受けるほどわたしから愛されているのだと信じなさい」。また、聖人は続けて言った。「あなたに言っておく。誘惑や苦しみを経験するまでは、誰も自分を神のしもべとして考えることはできません。誘惑に打ち勝つことによって神のしもべは、より一層主と結ばれるのであり、それはあたかも〝浄配の指輪〟を受けるかのようです。徳に身を委ね長年を過ごしたことを自賛し、いかなる誘惑も受けなかったことを喜ぶ者がいるが、しかし、このような人々は交戦する前に恐怖で打ち負かされただろうと考えて、神が彼らの弱さのために彼らを憐れまれたに違いないということに思いをはせるがよい。なぜならば、徳があまり高くないところであれば、熾烈な戦いの機会が与えられることはあり得ないからです」（トマス『第二伝記』八三・118）。

アウグスティヌスに見られるプラトン主義の影響

フランスの哲学者ジルソンはアウグスティヌスを「西欧の教師」と呼んだ。確かに、われわれ西ヨーロッパのキリスト教に属する者たちにとってアウグスティヌスの影響は絶大なものがあると言えよう。その一つが「原罪」の教説である。彼は次のように述べている。

「そこで〔人間は〕、堕罪後追放され、罪を犯すことによって、言わば、根元である彼自身において子孫を腐敗させたので死と呪いとの罰がその子孫に課されることになった。この結果、彼およぴ、彼をして罪を犯さしめ、彼と共に罪に定められた伴侶から出たすべての子孫は、罪の欲情によって生まれ、原罪を引きずることとなった。この肉の欲情に対して、不服従に対して下されたのと似たような罰が下されたのである。そして彼の子孫は原罪によって、さまざまの誤謬と苦しみとを経て、堕落した天使たちと共に、ある終わることのない最後の責苦へと引きずられるのである。これらの堕落した天使たちが人間の子孫を腐敗させたのであり、またそれを〔意のままに〕所有しているのであり、またそれと運命を共にしているのである。『このようなわけで、ひとりの人をとおして罪が世にはいり、また罪をとおして死がはいってきたように、こうしてすべての人が罪を犯したので、死がすべての人に及んだ』（ロマ五・12）。もちろんこの箇所で使徒は全人類を『世』と呼んでいるのである」（『信仰・希望・愛』二・1・4・26、赤木善光訳）

彼によれば原罪の結果、人類は「腐敗の固まり」となっているという。

「それゆえに人間の本性が第一のアダムにおいて毀損していないがゆえに、どの時代においても第二のアダムを医者として必要としないと強硬に主張する人はだれにせよ、信仰を損なうことなしに疑ったり迷った〔り〕できるような〔相対的な〕問題においてではなく、わたしたちをキリスト教徒となす信仰の基準自身において、神の恩恵の敵であることが証明される。しかるに、あの人たちによって、律法以前に存在していた人間の本性が、今まで悪しき生活習慣によって少しも害されていないかのように、称賛されているのは、どうしてであろうか。人間が当時かくも多くのいわば耐えがたい罪の内に溺れていたことを彼らは考慮していない。そのため一人の神の人とその妻および三人の息子と同数の嫁を除いて、ソドムの小さな地がその後〔天から下ってきた〕火によって滅んだように、正しい神の義〔の審判〕によって全地は洪水でもって消滅されたのである（創七・13、九・12以下参照）。したがってその時以来『一人の人によって罪が世界に入ってきたし、罪によって死が入りきたり、すべての人に死が浸透した。彼においてすべてが罪を犯したのである』（ロマ五・12）。実際、壊敗の固まりの全体が滅ぼすものの所有となった。それゆえに贖いたもうかたの恩恵によらなければ、だれも、そこから全くだれも解放されないし、解放されないであろう」（『キリストの恩恵と原罪』二・29・34、金子晴勇訳）

アウグスティヌスのこのような考えは波紋を呼ぶことになる。特に、レランスのウィンケンティウス（四三五年没）、ヨアンネス・カシアヌス（三六〇―四三五年）、リエのファウストゥス（四九〇／四九五年没）といった南フランスの修道士たちが強く反発し、アクィタニアのプロスペル（四五五年没）、ルスペのフルゲンティウス（四六七―五三二年）らは積極的にアウグスティヌスを擁護するというように激しい論戦が繰り広げられたが、最終的に、アルルのカエサリウス（四七〇―五四二年）が主宰したオランジュ教会会議（五二九年）で穏健な形に修正されたアウグスティヌス主義が採択されることになる。

ところで、アウグスティヌスは、晩年に、「ペラギウス派の思想家たちの中で最も優れた人物であり、その学識と独創性の故に挑戦的な論敵」であったエクラヌムの若き司教ユリアヌス（三八六―四五四年）との間で論争を展開することになる。そこでの中心的なテーマは結婚と性欲の問題であった。

ユリアヌスは、ペラギウス的な見地に立って人間の自然本性を善とみなし、「美しい女奴隷」である「肉の情欲」は克服することができるとするが、アウグスティヌスはそれに人間の力をもってしてはいかんともし難くただ「救い主の恩恵でもって克服される」、「神の愛によって克服される」と言う（『ユリアヌス駁論』五・六・23、32。金子晴勇訳、三〇〇、三一二頁）。アウグスティヌスにとって、「わたしたちはそれらを理性によって抑制し、精神をもってそれらと戦うのであるから」諸々の欲望（cupiditates）は悪である（同上、四・五・35。二二五頁）。そして、「これらの欲望のうち性欲（libido）が他のものよりも醜いものであって、それは抵抗されないときには恐ろしいみだらな行為を犯す。結婚の貞潔だけが、その悪を善用している」（同上）。したがって、「それ（結婚）が善であるのは彼らが結婚の床に対する信実を堅く守るからであり、また子孫を作るという理由で双方の性が交わるからであり、さらに離婚の不敬を恐れるからである。これらが結婚そのものの善いものとしての結婚の善である」（同上、三・一六・30。一五〇頁）。

ユリアヌスの主張はあまりにも楽観的であると言えるかもしれない。金子氏あるいはペイゲルスの指摘するように、そこにはユリアヌス自身の「抑制のきいた結婚生活を通しての」経験があるのであろう。これに対して、『告白録』の中で自ら語っているように、アウグスティヌスにとっては情欲の克服はその青年時代の最も困難な課題であった。

「私は友情の泉を汚れた肉欲で汚し、その輝きを情欲の地獄の闇でくもらせてしまいました。……ついに私は、自分からひっかかりたいと熱望していた情事におちいりました」（三・一・1。山田訳、一〇六頁）と述べ、若き日に同棲した女性によって一子を儲けているが「結婚が有しているあるりっぱな価値を、すなわち、婚姻生活をいとなみ子供を養育するという務めのうちにふくまれているりっぱな価値を、ほとんど考慮にいれていませんでした」とも述べている（六・一二・22。二一二頁）。

アウグスティヌスのこのような性に対する考えの背後には、金子氏が指摘するように「古代のプラトン主義の世界観と古代末期の禁欲思想の影響」を見ることができよう。同氏は指摘する、「しかし、彼が性愛と性欲との本来の関連を見誤ったことが後代に残した影響は絶大なものがあった。彼の思想はその後千年以上にわたって結婚生活に暗い影を落とすことになった点をわたしたちは見過ごすことができない」（『ユリアヌス駁論』「解説」五一六頁）。

フランソア・ド・サル（フランシスコ・サレジオ）

近代における修徳の優れた指導者であり司牧者でもあったフランソア・ド・サル（フランシスコ・サレジオ）になると、その結婚観は大分変ってくる。その『信心生活の入門』では夫婦生活に言及していることは既に指摘した。そこでは、「子女を生み、種族をふやすことは、婚姻の第一の目的であって神聖な善事である」とし、アウグスティヌスの言葉を引用して、「単に利用すべきものを楽まんと欲し、楽むべきものを利用せんと欲するは、人間の大欠点である」とした上で、「夫婦間の負債も、忠実に快き義務として、果たされねばならぬ。また、たとえ、なんらかの理由によって、子供の生まれる希望のない場合にでも、あたかも、この希望を有するかのごとくふるまう必要がある」と述べる。しかし、「夫婦の義務は、元来、神聖にして、正しく、推奨すべく、かつ、邦家の幸福の基礎となるものであるが、ある場合には、当事者に危険となることがある。すなわち、時としては、度をすごし、小罪を重ねて、霊魂を病ましめ、また時としては――たとえば、産児の目的を除外して、自然の法則にもとるような場合には――大罪となって、霊魂の生命を殺すことさえある」と警告を発している（三・三九。邦訳、二七五―二七九頁）。

アルフォンソ・マリア・デ・リグオーリ

カトリックの倫理神学者ベルンハルト・ヘーリングは、十八世紀の倫理神学者アルフォンソ・デ・リグオーリ（一六九六―一七八七年）はアウグスティヌスに基づく伝統的ともなっていた見解に異を唱えていることを指摘する。彼はその大著『倫理神学』の中で、「夫婦の交わりはなにも〈ゆるし〉を必要とすることではない。夫婦の交わりは夫婦の愛情の表現であり、解消され得ない忠実さを確かめるものとして、それ自身（per se）良い正しい行為である（bonus et honestus）」ことを強調している（八城圀衛訳『キリストにおける性の解放』五六頁。ただし注92の出典lib. VIはIVの間違い）。また、同書でアルフォンソは「夫婦のきずなそのものの正当性をあかしする結婚の目的は同時にまた夫婦の性交の意義と目的にも完全に適うものであることを明らかにしている」（同上、一四八頁、注93）。

第二ヴァティカン公会議『現代世界憲章』

このような流れの中で第二ヴァティカン公会議は『現代世界憲章』の中で「婚姻と家庭の尊さ」という一章を設け、婚姻と家庭の聖性、夫婦愛、婚姻の実り、夫婦愛と生命の尊重を論じている（47―52）。

二　人間の自由の強調

ドイツ観念論において、自由は非常に重要な概念となる。フィヒテにおいては「自由は一切の知と行為の根底をなすものであり、実質的な意味での自由とは、人間の良心から生ずる衝動に従って行為を促すもの」と考えられており、シェリングは「自由を善のみならず悪をもなしうる人間的行為の根拠」とみなしたと指摘される（山脇直司＝『新カトリック大事典Ⅲ』六〇頁）。

また、「実存主義は人間を実存として、すなわち唯一無二の個体性、主体性、自由をもつものとして考える」。サルトルにとって「人間の自由な決断は、それによって人間が自らを、最初はそれ以外の何ものでもないところから、作っていくところのものとみなされる。『人間は自ら作るところのもの以外の何者でもない』」（ロペス・シロニス＝『新カトリック大事典Ⅱ』一二三七頁）。「ヤスパースは選択自由ともいわれる人間の自己決定の強調」をした（同上、一二三八頁）。

もちろん、キリスト教にとってももともと自由は重要な概念であった。キリスト教において「自由は人格的存在者の中心であり、自由に基づく決定（決断）によって初めて人間たりうる。それは神学的人間論の前提と出発点であり、恩恵論で人間に対する神の働きかけを論じるとき、つねに対概念となる。人間の自由なしに神の恩恵は考えられない」と指摘される（高柳俊一＝『新カトリック大事典Ⅲ』六二頁）。福音的、パウロ的な自由は、「福音において示されたキリストの生き方に倣い、そこに示された新しい、自由かつ創造的な倫理を自発的に受け入れ、実践する自由である」。パウロは、それを「キリストは神の身でありながら、神としてのあり方に固執しようとはせず、かえって自分をむなしくして、僕の身となり、人間と同じようになられました。その姿はまさしく人間であり、死に至るまで、十字架の死に至るまで、へりくだって従う者となられました」（二・6―8）とフィリピの人々への手紙で謳われるキリストの神への絶対的従順を受け入れることと述べている

（同上、六四頁）。

ここにこそキリスト教的従順の意味はあったのである。第二ヴァティカン公会議の『修道生活の刷新・適応に関する教令』でも次のように述べられている。「修道者は従順の制約によって……このように、修道生活における従順は人間の尊厳性を弱めるどころか、神の子の自由をひろげて完成する」(14)。

死体のような従順

アシジのフランシスコは従順を非常に重視している。もちろん、背景にはパウロのフィリピの人々への手紙に載せられたキリスト賛歌に歌われた、「死に至るまで、十字架の死に至るまで、へりくだって従う者となられました」というキリストの従順がある。文字どおり、自分を捨ててキリストに従う者となったフランシスコにとってその生活は「従順の生活」であった（『会則』一）。フランシスコの兄弟となったということは「神のために、自分の自由意志を放棄した」ということである。したがって、何事にせよ目上に服従するよう命じているが、「良心と会則」に反しない限りと言い添える（『会則』一〇）。そして言う、「目上が自分の良心に反することを命じた場合、従うべきではないとしても、その目上を見捨ててはなりません」。とはいえ、続けてこうも言う、「目上が命じる事柄よりもっと良いことを見るのだという口実のもとに、『うしろをふりかえり』、我意という『嘔吐物に戻る』修道者が大ぜい居ます」（『訓戒の言葉』三）。そして、真に従順な者とはどのようなものかと問われて、それを死体に類比して次のように答えたと伝えられている。

「死んだ体を取って、好きな所に置いてみなさい。動かされても抵抗しないし、置かれた場所のことで不平を言わないし、ほったらかしにしておいても抗議したりしません。玉座に座らされても、目を上げもしませんし、下を向いたままです。貴い紫の衣を着せられても、肌の青白さが目立つだけです。これこそ真に従順な人です。なぜ動かされるのか自分で判断しません。どこに置かれようとも頓着しません。動かしてくれるよう強いることもありません。何らかの職務につけられても、いつもの謙遜さを保ち続けます。敬われれば敬われるほど、自分を価値のないものとみなすのです」（ボナヴェントゥラ『大伝記』六・4、『完全な鑑』三・48参照）

従順と個人の決断ならびに対話の重視

第二ヴァティカン公会議の教令では修道者の従順の意義を強調しているが、「長上たちは、何をなすべきかを決定し命ずる権能をしっかりと保持しつつも、会員たちの意見をこころよく聴取し、会と教会の善のために協議するようにはからなければならない」と言い添えている。ここから、「死体の従順」に代わって「対話による従順」ということが言われるようになった。果たして、「対話による従順」は真の従順と言えるのだろうか。「父よ、わたしからこの杯を取り除いてください。しかし、わたしの思いではなく、み旨のままになさってください」（マコ一四・36）と言うことは箇単なことではないのである。ともすれば「父よ、わたしからこの杯を取り除いてください」で終わってしまうのが現実である。

三　禁欲・苦業・断食の衰退

アメリカニズム

現代の思潮からのこれまでの修徳観に対する反対は、教会の外から浴びせられただけでなく、教会の中からも生ずることになる。その一例がアメリカニズムである。

一八九一年、ウォルター・エリオットは、一八八八年に死去した、アメリカのパウロ宣教会の創立者I・Th・ヘッカーの伝記を出版する。同書は一八九七年にはフランス語で翻訳出版されたことで、ヨーロッパで激しい論争を生じさせることになった。問題とされたのは、ヘッカーが唱えたというカトリック教会の新しい時代への適応であった。教皇レオ十三世は、アメリカのボルティモア大司教ギボンズに宛てた書簡「テステム・ヴェネボレンティエ」でそれをアメリカニズムと呼んで「認めることはできない」とした。それは次の四点であった。（1）離教者をカトリックの信仰へ導くことを容易にするため、教会は現代の文明に接近し、過去の厳格さを捨てて、現代社会の新しい要求に応えなければならない。このことは、ただ単に規律に関することだけでなく、教理の面においても、〈信仰の遺産〉に含まれていることについても適用されるべきである。（2）キリスト教的完徳に達しようと望む者にとって、教会の外的教導職に従うことは不必要であり無益なものとして放棄される。なぜなら……聖霊は、中間の媒介なしに、直接に信者を照らし、導くからである。（３）キリスト教的徳を受動的徳と能動的徳とに分け、過去においては受動的徳が必要であったが、現代では能動的徳が必要である。（４）修道誓願は現代思想に合わないものであり、人間の自由を束縛し、強い人には不適当であって、弱い人だけに適している。また、キリスト教的完徳に達するため、また人間社会の福祉のために役立たないだけでなく、妨げになっている（DS 3340—3346＝浜寛五郎訳『カトリック教会文書資料集』五〇七—五〇八頁。ここで言われる修道誓願とは、修道者が約束する貞潔・従順・清貧のこと）。

このような見解に対して第二ヴァティカン公会議の『修道生活の刷新・適応に関する教令』では次のように述べている。「修道者たちは、この誓約を忠実に守るように努力しつつ、神のことばを信じ、その助けに信頼して自分の力を過信せず、体をこらしめ五感の動きを抑えることが大切である。精神と体の健康に役立つ自然的手段を用いなければならない。このようにして、完全な禁欲は不可能であるとか、あるいは人間性の発展に有害であると主張するあやまった学説に動かされることなく、貞潔を危険におとしいれるすべてのことを霊的本能によってしりぞけるようになる」（12）。

四　キリスト教の修徳は個人主義か

十九世紀から二十世紀初頭にかけて、さかんにキリスト教に向けられた非難がある。それは、キリスト教信仰は個人的な救いの宗教である、というものであった。

たとえば、二十世紀初頭、ガブリエル・セアーユは、キリスト者は「人々の住む社会から身を引き、ひとえに自分の救いに専心する者、その救いはその人と神との問題である」と、フランスの作家アーレンは教皇について、「彼は個人の救いの専門家にすぎない」と述べている。

さらにフランスの教育者マルセル・ジロンも、キリスト教教育を批判する記事の中で、次のように述べている。

「教育とは、この世のすべての物を無視するように個人を準備させるものであらねばならないのか否か、知ることは重要なことではあるまいか。もし、そうであるとすれば、すさまじい利己主義を発展させることになろう。人は、自分の個人的な救いという、ただ一つの心配事を持つだけになろう。他の人々が苦しんでいようと、数知れぬ悲惨が我々を取り巻いていようと、仕方のないことだ。すべての人間がこの見解を取り入れるとすれば、世界と人々とは、もはや、存在の理由を持たないことになろう。『もはや、我々は砂漠に身を引くしかあるまい。修道院の禁域に閉じこもるしかあるまい。日夜、我が身に鞭打ち、我が身を傷付けるしかあるまい』、地獄を逃れ、天国を得るために。しかし、これらすべては、人間性の否定、社会の中での生の否定に外ならない」（リュバク著『カトリシズム』小高訳、八頁）

リュバクの『カトリシズム』

このような非難に対して、一九三七年、フランスのカトリック神学者アンリ・ド・リュバクは、『カトリシズム』という著作を刊行した。それは副題にあるようにキリスト教信仰は本質的にカトリック〔公〕的なものである。つまり社会的、換言すれば交わりのうちに生きるものであることを明らかにしたものである。「序文」で次のように述べられている。

「我々キリスト者は、意に反しつつも、その信仰の論理からも、個人主義者であると非難されているが、実際の所、カトリシズムは本質的に社会的なものなのである。実に、カトリシズムは徹頭徹尾社会的なものである。単に〔国家とか家庭などのような〕社会の諸制度に、〔カトリシズムの原則が〕適応されるという意味で社会的であるだけでなく、まず何よりもそれ自体において、その一際神秘的な中枢において、その教理の本質において、社会的なのである。『社会的カトリシズム』という表現が常に「重複した冗長な表現法」と当然思われねばならない程、社会的なのである。

しかしながら、以上で述べたような誤解が生じ、定着し、流布しているとすれば、それは我々〔キリスト者〕の落ち度ではあるまいか。ある種の非難においては明らかに全く根拠のないことは、脇に置いておこう。それらは、カトリシズムもしくは救いに関する全く表面的で、この世的な理解から着想を得ているのであるか、キリスト者の離脱に関する全くの無知を前提とするものだからである。誤解を引き起こしがちな〔キリスト者の〕悪癖は、しばしば由々しき問題となるが、それを強調することもあるまい。例えば、私利私欲の信心、狭量な宗教心、信心業に勤しみつつも身分上の義務を軽視すること、唾棄すべき『私』による信仰生活の侵食、祈りが本質的に総ての人の総ての人のための祈りであることを忘れること等がそれである。これらは、人間である限り、あらゆる信者の誰にも見られるものであるし、それを批判することは簡単である。しかし、それらが悪癖として十分に認識されているだろうか。このような道徳的衰退を募らせたのは、教理を忘れたためではあるまいか。また、洞察力、宗教心が欠けているのでもない多くの人でさえ、カトリシズムの本質について、これほど誤解しているとすれば、それはカトリック者が自ら〔カトリシズムの本質〕をより良く理解するために努力せねばならぬことを示すものではなかろうか」（邦訳、八―九頁）

第四章　霊性とは何か

今でこそ当たり前のように口にされる「霊性」（spirituality）という言葉であるが、これほど頻繁に口にされるようになったのは近代になってのことであることは既に指摘した。しかしながら、この言葉がどのような意味で用いられているかとなると、はなはだ曖昧である。そもそもこの「霊性」という言葉の普及には近代フランスのベリュル、コンドラン、オリエ、ボシュエといったいわゆる「フランス学派」の人々の功績が大きかったようである。しかしながらフランス語の“spiritualité”という言葉の内には、「ギリシア・ラテン世界の『霊・精神』の概念と聖書の根本語である『神の霊』の理解とが集約されるとともに、創造的な霊的・知的活動としての霊性といった、近代フランスにおける理解が複雑に絡み合っているために、他の西欧諸語においてもそれに相当する訳語を見出すことは困難である」と指摘される（K・リーゼンフーバー）。

他方、現代の日本ではこれまた別の用法が見られる。「スピリチュアル」とか「スピリチュアリティ」という語が「現代社会におけるある新たな宗教理解の形式と、宗教的なるものとの新たな関わり方をあらわす記述カテゴリー」として用いられている（リゼット・ゲーパルト著『現代日本のスピリチュアリティ――文学・思想にみる新霊性文化』深澤英隆、飛鳥井雅友訳、二三頁）。この場合にもこれらの語は「多層性」をもっと指摘されている（同上、二四頁）。さらに「新霊性運動」の表現もあるが、これは、九〇年代の初頭に新新宗教の研究の枠組みの中で、アメリカの"New Spirituality Movement"の語にヒントを得て島薗進が自ら案出したものであるという（同上、二六頁）。ゲーパルトによると新しい「スピリチュアル」ブームが一九八〇年代に起きており、それ以来、「日本の文化論議において『スピリチュアル言説』ともいうべき現象が明確な形をとってきた」（同上、三頁）という。ここで言われる「スピリチュアル言説」とは次のように説明される。「現代日本の文化的かつ知的風景の総体に関わるものなのである。この言説は、複雑な構造をもっており、それについて私たちはこれまで断片的に見聞きするのみだった。『スピリチュアル言説』の概念で私が考えているのは、『スピリチュアリティ』や『癒し』や『日本的・アジア的霊性』についての語りである」（同上、三五頁）。さらに、著者が引用する「若者、ことに大学生たちが、この二〇年来合理主義に背を向け、神秘主義的なものに向かっている。これは部分的には、長きにわたって日本を支配してきたヨーロッパ中心主義への反対行動、押しのけられてきたアジア的価値の発見なのかもしれない」（二五五頁＝「他国民よりも優秀ではないとの、国民的ショック」一九九五年五月の論説）という加藤周一の言葉が、ここで言われる「スピリチュアリティ」という言辞を理解する鍵ともなろう。さらに著者はそのような傾向は日本に限られたものではないことを指摘し、「私の信ずるところでは、私たちアルプス以北の人間は際限なく奪われたのです。（中略）宗教の移入により既存の諸伝統が奪われたのです。私たちは、自分たちの豊かな実りを奪われたのです」というマルティン・ヴァルザーの言葉を引用して、「ヴァルザーは、『土着的なもの』の喪失をもたらした、『アルプス以北の諸民族へのキリスト教の布教に対する批判を表明している』と述べている」（二七七頁）。すると、既存の宗教を否定し、古来伝統的で民族的な、どちらかと言うと呪術的・オカルト的で非合理的な宗教性を求めるものとも理解することもできる。そして、文学の地平におけるこのような「地域や国民の『スピリチュアリティ』をめぐる論議は、……世界に広まり、とりわけ南アメリカおよびアフリカの作家たちが取り組んでいる『魔術的リアリズム』の一主題である」と述べている（二八〇頁）。

これらの個々の概念を比較検討して考察する余裕はない。ここではキリスト教における「霊性」という語の出発点となる「霊」の概念の検討から始めることにする。その手始めとして聖書にも見られる人間の構成要素としての「霊」について考察することにする。

霊－魂－体

テサロニケの人々への第一の手紙五・23には「あなた方が、霊も、魂も、体もすべて、わたしたちの主イエス・キリストの来臨の時に、咎められるところなく保たれていますように」と述べられている。ここにギリシア哲学の人間の三つの構成要素が採用されているとの見方もあるが、多くの聖書学者はそれには賛同していない。たとえば、フランシスコ会聖書研究所訳聖書の注には「ギリシア哲学に見られるような、人間の三つの別々な部分を表わしているのではなく、むしろ、ユダヤ的思考の流れをくみ、それぞれ異なった観点から見た人間の全体を表わしている」とあり、『新共同訳新約聖書注解Ⅱ』の該当箇所の注解でも、「三元論的人間観を示す語句ではなく、初代教会の礼拝定式の伝統（M・ディベリウス）か、申六・五からの類推（H・W・ロビンソン）によるものであろうが、人間の全人格、全存在を表わす言葉である」（二八三頁＝速水敏彦、ちなみに申六・五とは「心を尽くし、精神を尽くし、力を尽くして、あなたの神、主を愛しなさい」である）と記されている。

人間は霊‐魂‐体の三つから構成されるとする考え方は、プラトン主義の影響を強く受けていたオリゲネスに見られる。初期の問題作『諸原理について』では、霊‐魂‐体という三分説が大勢を占めている。「人間は身体と魂と霊によって構成されている」との記述も見られる（四・2・4）だけでなく、第四巻で展開される、聖書解釈論も三分説に則したものである。明らかに、「霊」は「人間の霊」であって人間を構成する一要素として取られている以上、「神の霊」と同一視することはできない。では、オリゲネスにおいて「霊」は何を意味しているのだろうか。彼は次のように述べている。「救われつつあるものが『魂』と呼ばれるが、もう既に救われたとされた［魂］は、自分の存在のより優れた要素［即ち精神］の名で呼ばれるのである」（『諸原理について』二・8・3、五・156・4―6）。また、この精神については次のようにも述べられている。「精神は、ある意味で、神に類せるもの」であり、「知的精神は神の像である。それ故、神性の本質について何かしら知覚する能力を有している」（前掲書、一・1・7、五・24・18―20）。それは「善そのものを自由に選ぶ本質的能力を有している」（一・6・2、五・81・27、8・25、一・5・1、五・69・7―9）。であるからこそ、霊的な解釈が可能となると言えよう。

オリゲネスは人間の精神、それも上部の精神活動に神の像を見ていると言える。このような考えは、アウグスティヌス以来の西方神学の三位一体論にも見ることができよう。アウグスティヌスのいわゆる心理的分析と言われるアプローチは、「記憶・知解・意志」といった精神作用に神の三一性を見るものだからである。中世のスコラ神学者トマス・アクイナスもこの流れを受け継いでいる。

しかしながら、オリゲネスの人間論においては、霊‐魂‐身体という三分説のほうが魂‐身体という二分説よりも本質的であると指摘されるものの、その三分説を本質とする「彼の人間論は、実体にかかわるタイプというよりは、作用傾向を扱うものであり、まず第一の関心は本性の問題ではなく、活動（行動）の問題なのである。……人間の人格（personalitè）は、本質的には魂にある。霊と肉体――あるいは身体――は、魂をあちらこちらへと引っ張る二つの極である」と指摘されるのである（H. Crouzel, L'anthropologie d'Origène dans la perspective du combat spirituel, p. 1 [364], p. 2 [365]）。オリゲネスにとって人間は、その始原の状態において、純粋な精神（ヌース）と霊的身体をもち、聖霊に導かれた存在であったが、背反・転落の後に、「いとも軽やかで、いとも清く、いとも輝かしい」ものであった身体は「粗雑な固い」身体に化し、精神は冷却して魂（プシュケー）と化したのであるが、精神としての機能を失ってはいないのである。つまり、この世における人間は霊と身体との葛藤の中に前進すべきものなのである。

人間の霊と神の霊

さて、パウロはローマの人々へ宛てた手紙の中で次のように述べている。

「それ故、キリスト・イエスと結ばれている者には、もはや死の宣告はありません。キリスト・イエスにある命をもたらす原理としての霊が、あなたを罪と死の原理から解放してくれたからです」（ロマ八・１―２）

「肉に従って生きるなら、あなた方は死にます。しかし、霊によって、体の悪い行いを絶つなら、あなた方は生きます。神の霊によって導かれる人は誰でもみな、神の子なのです。あなた方は、人を再び恐れに陥らせ、奴隷とする霊を受けたのではなく、神の子とする霊を受けたのです。この霊によって、わたしたちは『アッバ、父よ』と叫んでいます。霊ご自身がわたしたちの霊とともに、わたしたちが神の子供であることを証明してくださるのです」（ロマ八・13―16）

ここで言われる「霊」とは「神の霊」「キリストの霊」「命をもたらす原理としての霊」「イエスを死者の中から復活させた方の霊」「神の子とする霊」といった表現から明らかなように、三位一体の第三のペルソナである聖霊を指していると言えよう。しかしながら、「霊ご自身がわたしたちの霊」という表現は、その聖霊とは別の「霊」がわれわれのうちに存在することを暗示しているともとれる。だが、ここで思い起こさねばならないのは聖書において「霊」は「息吹」をも意味していることである。創世記の人間の創造において、「神である主は土の塵で人を形づくり、命の息をその鼻に吹き入れられた。そこで人は生きる者となった」（創二・7）とある。またヨブ記には「神の霊がわたしを造り、全能者の息吹がわたしに命を与えました」（ヨブ三三・4）とあり、「もし、神が人間に目を向け、その霊と息吹を取り戻されるなら、生きとし生けるものはともに息絶え、人間は再び塵に返るでしょう」（ヨブ三四・14―15）とも言われている。聖書におけるこの息吹・霊（ルーアハ）とその意義については次のように説明される。「この神の息吹は、人間の内に留まるかぎり、実際に人間に属するものとなって生命なき肉体を動くもの・生きたものとする。また一方では、感情や感動など人間が外部から受けるいっさいのものは、息遣いによって表現される、たとえば恐れ・怒り・喜び・誇りなどはみな息遣いに変化を与える」。息が弾む・息をのむ・息巻く・息張る・息詰まるといった日本語の表現が思い起こされる。こうして「ルーアハという語は、人間の意識とか精神をも表現することになる」。十字架上のイエスの「父よ、わたしの霊をみ手に委ねます」（ルカ二三・46）という言葉は「最後の息を引き取ることである」ことを意味するが、それは同時に「自己の唯一の宝つまり自己の存在そのものを神のみ手におくこと」をも意味している。こうして、「霊とはつねに、一つの存在のなかにある本質的なものであるがつかむことのできない要素を表わしている。それは、ある実体を生かすものであり、欲せずともその実体から自然に発散してくるものであり、けっきょく、まさに実体そのものであるが自ら制御することのできないなにものかである」と定義されることになる（以上、『聖書思想事典』八七一―八七二頁による）。とはいえ、この霊はギリシア語の「プネウマ」と異なり、「体とか肉体的なものと対立する意味を持つものではない。それは身体から遊離したものではなく、むしろ身体を動かすものである。それは『肉』に対立するが、『肉』とは『肉体』と同義ではなく、弱さともろさによって特徴づけられる、土からなるものとしての人間の現実を指している」（コンガール『わたしは聖霊を信じる』第一巻）のである。

神の霊の働きの体験

この人間のうちにあって生命なき肉体を、動くもの・生きたものとする神の霊・息吹の働きとは別に、激しく人を駆り立てる神の霊の働きを体験することは、旧約聖書において、特に士師たちならびに預言者の活動においてしばしば語られていることである。オトニエル（士三・10）、ギデオン（士六・34）、エフタ（士一一・29）の上に主の霊が降り、サムソンを奮い立たせている（士一三・25、一四・6、19）。「神の霊がサウルを強くとらえたので、サウルは預言する状態」になり（サム上一〇・11）、サムエルが油を注いで以来「主の霊はダビデを強くとらえた」（同一六・13）。「預言者はみな最初から、同じ神の霊によって動かされている。彼らのなかには、自分の預言が神の霊に由来することを述べていない者もいるけれども、多くの場合これを明言している（サム上一〇・6、ミカ三・8、ホセ九・7、ヨエ三・1—2、エゼ一一・5）」（『聖書思想事典』八三七頁）。ここに一つ引用すると、エゼキエルは言う、「すると主の霊がわたしに降り、主は仰せになった」。こうして遂にヨエルを通して預言されることになる。

「その後、わたしは、わたしの霊をすべての人の上に注ごう。お前たちの息子や娘は預言し、老人たちは夢を見、若者たちは幻を見るだろう。その日、わたしは僕やはしための上にも、わたしの霊を注ごう」（ヨエ三・1―2）

イエスと神の霊

二十世紀になっての神学の再発見の一つにナザレのイエスと聖霊との緊密な関係がある。これが無視されるに至った背景には、二世紀のいわゆるキリスト養子説があった。この考えによれば人間イエスが神の霊を受けたことによって、いわば神の養子とされたのであり、十字架の死にあたって、その霊はイエスから去っていったというのである。古代教会はこの考えを受け入れることはできないとして排斥した。その結果、み言葉の受肉が強調されることになった。しかし、「神はナザレのイエスに聖霊と力とを注がれました。神がイエスとともにおられたので、このイエスは、各地を巡って善い業をなし、悪魔に押さえつけられている者たちを、ことごとく癒されました」（使一〇・38）というペトロの言葉に示されているように、イエスの生涯は徹頭徹尾、神の霊の働きを伴うものであった。ルカによれば、聖霊がマリアに降り、いと高き者の力がマリアを覆うとき、イエスは懐胎される（ルカ一・35）。洗礼において、神の御霊がイエスの上に降る（ルカ一・35）。そのメシアとしての公的な役務が開始されるのはヨハネによる洗礼における聖霊の降下によるのであり、その後、イエスは聖霊の力によって荒れ野へと導かれる（マコ一・10―12）。ルカは、イエスは自分の公的な役務をイザヤ書六一章の「主の霊がわたしの上におられる。貧しい人に福音を伝えるために、主がわたしに油を注がれたからである」（ルカ四・18）という言葉に言及することで始めたとしている。またイエスが悪霊を追い出すのは神の指、神の霊によることであった（ルカ一一・20、マタ一二・28）。さらに十字架上で、イエスは聖霊のうちに自らを御父に捧げている（ヘブ九・14）。そして、イエスの復活も聖霊の力によるものであった（使二・33）。

ところが復活によってこの関係は逆転する。復活したイエスが信じる者たちに聖霊を注ぐのである。聖霊降臨の出来事が示すのはこれである。以後、聖霊は父の霊のみならず、キリストの霊とも呼ばれるようになる。こうして、パウロは言う、「キリストがあなた方のうちにおられるなら、体は罪の故に死ぬことになっても、受けた救いの義の故に、霊はあなた方の命となっています。イエスを死者のうちから復活させた方の霊が、あなた方のうちに宿っているなら、キリストを死者のうちから復活させた方は、あなた方のうちにおられるその霊によって、あなた方の死ぬべき体をも生かしてくださるのです」（ロマ八・10―11）。

恩恵と非‐恩恵

このように見てくると、キリスト教的霊性とは復活したキリストとその賜物である聖霊による「恩恵としての霊的体験」であると言うこともできよう。「キリスト教的霊性ではすべてにおいて神の恵みを中軸とする受動的他力思想が基本である」と言われるのもこのような考え方に則してのことであろう。したがって、キリスト教において言われる「霊性」とは、「神の霊に生かされている」という事実と言えよう。「霊性」という表現よりも「霊生」という表現が一部の人々に好まれる理由もここにある。

しかしながら、この神からの恩恵は非‐恩恵（dis-grace）にさらされていることも忘れてはならない現実である。ブラジルの神学者レオナルド・ボフはこれを次のように描写する。

「恩恵は、いわゆる非‐恩恵、すなわち、出会いの欠如、対話の拒絶、そして自分自身のうちに閉じこもることという脅威にさらされているのである。恩恵と非‐恩恵とは自由の二つの可能性である。これは創造の秘義、理性が近づくことのできなかった絶対的な秘義である。

恩恵は、すべてのものに充溢をもたらすところの絶対的な意味づけである。それは、すべてのものを照らし、すべてを把握しうるものとする光である。非‐恩恵は絶対的な不条理、いかなる光もない全くの闇である。それは理論的な根拠をもたない。非‐恩恵と罪にとって、論理的な根拠は存在しない。それはいかなる方法をもってしても理解しえないのである。非‐恩恵は粗暴な事実である。それは実感されうるのみである。それは、不条理なものとしてわれわれにそれを強要し、事実ならびに体験として存在してすらいるのである。

創造された存在にとって恩恵は、非‐恩恵の可能性を容認した恩恵なのである。人間存在は常に、非‐恩恵のものでありうる脅威にさらされた存在である。悪、暴力、破壊、そして残忍な非人間性の歴史として、歴史そのものが世界における非‐恩恵の歴史なのである。

具体的な人間存在は、恩恵の状態にあると同時に非‐恩恵の状態にあるこのドラマを生きている。Omnis homo Adam, omnis homo Christus（すべての人がアダムであり、すべての人がキリストである）。彼らはキリストとアンティ・キリスト、開かれたものと閉ざされたものとの双方である。彼らの具体的な体験は恩恵と非‐恩恵の双方が逆説的に一つとなったものなのである」

（*Liberating Grace*, pp. 4-5）

まさしくこのような現実を一番よく実感、体験していたのが聖人たちであると言えよう。アシジのフランシスコに関して興味深いエピソードが伝えられている。それは次のようなものである。

「ある日、聖フランシスコが祈りを終えて、森から出てくると、その森の入口のところで待ちかまえていた兄弟マッセオが、彼の謙遜をためそうとして、聖フランシスコに向かいからかうような口調で、

『どうしてあなたに……どうしてあなたに……どうしてあなたに……』と、言いました。

すると聖フランシスコは、『兄弟マッセオよ、いったい何が言いたいのですか』と、聞きました。

『わたしが言いたいのは、どうして世界中があなたの後についてゆくのか、また、誰もがあなたを一目見ようとし、その言葉に耳を傾け、あなたに従おうとするように見えるのかということです。あなたは、とくに賢くもなく、たいして学問があるわけでもなし、別に貴族でもないのに……それなのに、なぜ、世界中があなたの後についてゆくのでしょうね』。

これを聞くと、聖フランシスコは歓びに我を忘れ、顔を天上に向けると、心を神に奪われたまま、長い時間その場に立ちつくしていました。

我に返ると、彼はひざまずき、神に賛美と感謝をささげました。その後、燃えるような熱意にあふれて、兄弟マッセオの方を向くと、つぎのように言いました。

『どうしてわたしに……どうしてわたしに……どうしてわたしに、世界中がついてくるのか、それをあなたはほんとうに知りたいのですね。それは、どんな場所にでもある、善いことと悪いこととをみそなわされる、いと高き神のおん眼によるものです。そして、この祝福されたいと聖なるおん眼も、罪びとの中でわたし以上につまらなく、そして役に立たないものをお見つけになることができなかったのです。……』」（『小さき花』10。六九―七〇頁）

第三部　キリスト教的霊性

ここで第二ヴァティカン公会議後、明らかになってきたキリスト教的霊性の特徴をまとめることにする。ただし、ここでは序論で言及した各々の修道会の固有の霊性、信徒の、あるいは司祭の霊性といった固有の霊性には言及することなく、キリスト者に共通して言える信仰生活の特徴、信仰の実践の特徴を述べることにする。それを論ずる前に第二ヴァティカン公会議後の神学の新しい展開について検証することになるが、それは古来「レックス・クレデンディ、レックス・オランディ」、すなわち、「信仰の原則は祈りの原則」という言葉で表わされてきたように、信仰理解と信仰の実践・信仰を生きることとは密接に連携しているものだからである。信仰の生き方に変化が生じたとすれば、そこには必ずや信仰理解においての変化、もしくは強調点の変化があったと言えるからである。

第一章　神学の新しい展開

一　キリスト論の中心性の回復

従来の神学の教科書ではキリスト論は神論の次に論じられ、「受肉したみ言葉」(De Verbo incarnato) と「救済論」(Soteologia) に分けられ、前者ではキリストのペルソナにおける神性と人間性の結びつき（位格的結合）がカルケドン公会議の枠組みに従って論じられ、後者ではキリストの人類救済の働き、特に預言者・祭司・王としての役割を帯びた唯一の仲介者としての働きについて究明することにあてられていた。「キリストの生涯の神秘は伝統的な教理神学のなかでは神学の対象とはみなされず、信心と霊的生活の対象だったのである」(『新カトリック大事典 II』五二五頁)。

ところが、レッシング（一七二九―一七八一年）がヘルマン・ザムエル・ライマールス（一六九四―一七六八年）の遺稿『ヴォルフェンブュッテルの匿名者の断片』を出版したことをもってイエスの生涯の研究は一変することになった。いわゆる「史的イエス」の研究の開始である。この展開についてここで論じるのは割愛する。この流れから従来の、イエスの神性から説き始める受肉の概念を中心とする「上からのキリスト論」に代わって、歴史的人間から始めて、その神性の認識に至ろうとする「下からのキリスト論」が一世を風靡することになる。

一九七五年に刊行されたＷ・カスパー（一九三三年－　）の下からのキリスト論『イエズスはキリストである』において、キリスト論の位置について次のように述べている。

「教会の意義と根拠はむしろ一人の具体的な名をもった人、イエス・キリストである。……問題は次の問いである。イエス・キリストとは誰か。今日の我々にとってイエス・キリストとは誰なのか。……イエスはキリストである、と公言することである。『イエスはキリストである』と言う公言は、キリスト教信仰の基本的定式であり、キリスト論はこの公言の誠実な解釈である。この公言をもって主張しようとすることは、この歴史上ただ一人きりの、他の人間と混同されることのないナザレのイエスが、同時に神からつかわされたキリスト、すなわち霊によって塗油されたメシア、世の救い、歴史の終末的事実であると言うことである。……そのようなキリスト論のみが教会に、その普遍性と（その言葉の本来の意味で理解された）カトリック性を、十字架の愚かさを否定することなしに、またキリスト教的なものの本来の呼びかけを放棄することなしに、取り戻す助けとなる」（邦訳、一二－一三頁）。

受肉から復活へ

二十世紀後半、それまで神のみ言葉が人となってこの世に来られたこと、すなわち受肉の秘義にもっぱら関心は向けられていたのに対して、復活に関心が向けられることになる。カトリック神学において、その先駆的研究書がF・X・デュルエル（一九一二―二〇〇五年）の『キリストの復活』であった。同書の初版は一九五〇年のことであったが、その出版にはたいへん苦労したという。しかしながら、その後、大いに注目を浴びることになり、一九五四年には改訂版が出され、一九六三年には第九版が出されている。第一版の「序言」で著者は次のように述べている。

「神学者は最近までイエス・キリストによる救いについて説明する時に、復活のことについてはいっさい触れないことが多かった。復活の事実はキリスト教を擁護するものとしてもっとも重要な価値があるとされていたが、復活をわれわれの救いの尽きることのない神秘の一つとして考えたものはあまりなかった。

救いのわざはキリストの受肉とその生涯と十字架上の死によって完成されたと考えられていた。神学者はキリストの生涯と死が贖罪と功徳の意義を持つことを強調したが、復活を救いの神秘の一要素としてではなく、ただ敵に対するキリストの個人的な勝利として、また人間をあがなうためにキリストが耐え忍んだ屈辱に対するはなばなしい報いとして述べた。要するに、キリストの復活は、最初のキリスト教宣教者が伝えた重大な意味を剝奪され、救いのいとなみの周辺部へと追いやられてしまったのである。キリストの復活がこのように不適当に取り扱われた結果、救いの神学そのものが偏ったものとなった」（邦訳、六頁）

邦訳版の編集者が述べているように、従来の組織神学の教科書では、キリストの復活は護教的な意味で「基礎神学」において論じられていたが、「今や神学は、その死と結ばれているキリストの復活を、人間を正しい者とし、人間に永遠の生命を与える根本的リアリティとして見るようになった」のである（邦訳、一頁）。

先在（prae-existens）から「ための」存在（pro-existens）へ

D・ボンヘッファー（一九〇六—一九四五年）は一九三三年に公刊されたベルリン大学講義録『キリスト論』において次のように述べた。

「もしも、『彼の神人性によって』と答えるならば、それは正しいけれども、説明不足である。人格構造は、もっと詳しく示されなければならないし、神人イエス・キリストの『私ノタメノ構造』として展開されなければならない。キリストは、自己のためのキリストとしてではなく、私に対する関係において、キリストなのである。彼が『キリストであるということ』は、『私ノタメにある』ということである。この私のための存在はさらに、彼から出て来るところの一つの作用とか、偶発事のように理解されてはならない。本質として、人格そのものの存在として、理解されなければならない。人格の核そのものが『私ノタメ』なのである」（村上伸訳、一七六頁）

若き日の教皇ベネディクト十六世であるJ・ラッチンガー（一九二七年―　）も『キリスト教入門』で次のように論じている。

「キリストは来るべき人間として、己れのための人間ではなく、本質的に他人のための人間であり、全く開かれた者として、はじめて将来の人なのである」。このイエスの開かれた者としての姿をラッチンガーは十字架上で兵士によって脇腹を刺し貫かれたイエスに見て、次のように述べる。「かれの地上の生命を絶った鎗の一突きのあと、かれの実存は完全に開かれ、いまやかれは全く『他人のため』であり、もう一個人ではなく、アダムであり、その脇腹からエバ、新しい人類が形成される」（二五一頁）。

そもそも「人間は、他人とともにいればいるほど、いっそう己れ自身になるからである。己れをはなれてはじめて、己れにかえるものである。他人を通して、他人とともにいることを通してのみ、己れに立ちかえるものである」。「イエス・キリストは、完全に己れをこえ、したがって真に己れになった人間なのである」（二四七頁）。

「聖書が『ために』という一言で表現している真理は、依然として道案内をつとめている。この一言で、われらは人間として、直接神によって生きるのみならず、人間同志で生き、遂には万人のために生きた唯一者によって生きていることを、はっきりさせているのである。こうして贖罪論の構想の中に、聖書の選抜という考えの息吹が伝わっていることは、だれにでもわかる。この選抜はえらばれたものの特権化ではなく、他人のための存在への召命なのである。それは他人のために生きることへの召しだしであり、人はすすんで我をすて我就《ママ》をやめ、己れをはなれて無限への飛躍を敢行させせんとするものであり、またこの飛躍を通してのみ己れにかえるのである」（二四六頁）

二　三位一体論の新たなる展開

啓蒙主義最大の思想家カント（一七二四―一八〇四年）は、三一神についてのキリスト教の教説を無意味な省察として拒否して、「文字通りに取られた、三一神についての教説からは、たとえ人がそれを理解しうるとしても――またそれは我々のあらゆる概念を超えていると自覚しているとしても、実践的な目的のためになるものを何一つ獲得しえない」と述べている（*Der Streit der Fakultäten*, Philosophische Bibliothek, Leipzig, p. 34）。その影響のもとにシュライエルマッハー（一七六八―一八三四年）は、その神学を人間の経験、特に他者に全面的に依存している宗教的感情に集中させることになり、その大著『キリスト教信仰』において三一神についての教理を補遺のように扱っている。この人間中心主義をキリスト中心主義に置き換えたのがカール・バルト（一八八六―一九六八年）であった。

他方、従来の神観は激しい抵抗を受けることになる。その神観をトマス主義の哲学者ノーリス・クラークは次のように要約している。「世界は神を必要としているが、神は全く世界を必要としない。神は世界に影響を及ぼすが、世界が神に影響を及ぼすことはない。世界はあらゆることを神に負っているが、神が世界によって増大することはない」（Norris Clarke,‘A New Look at the Immutability of God’ in *God Knowable and Unknowable*, edited by R. Roth, p. 44）。

このような神観は「無垢の子供が苦しみ死んでいくような世界に生きている限り、神を信じることはできない」と言うカミュの、そしてまたドストエフスキーの『カラマーゾフの兄弟』のイワンによる抵抗を受ける。それはまた「アウシュヴィッツ、ヒロシマの後、神はどこにいるのか」、「神について何を語れるのか」という問いにもなっていく。この問いはますます大きなものとなっている。ヴェトナム戦争、ポル・ポトの率いたクメール・ルージュ、チェルノブイリ、湾岸戦争等々の後、神について何を語られるのか、と。

現代の多くの神学者たちは、キリスト教の神観、つまり三位一体の神こそが、このような難問に答えうるとする。ジョン・オドンネルは次のように言う、

「神についてのキリスト教の考えの源泉は、神は人間の時間の特別の一片、即ち、ナザレのイ

エスの歴史とご自身を同一化するところにある。キリスト教信仰は常に、この歴史は神自身の歴史であると言わんとしてきた。確かに、これが受肉の意味するものである。しかし、この歴史を見る時、我々は何かしらもっと驚嘆すべきことがあるのに気づく。イエスの歴史は十字架に、つまり苦しみと死に頂点を迎える。従って、我々キリスト者にとって、神と死とは相対立するものではない。我々にとって十字架の出来事は神の出来事だからである。……我々が考察することになる問題が目指しているのは、次のことになる。即ち、我々に新しい方法で神について考えさせるイエス・キリストにおける神の自己啓示には何があるのか、キリスト教にとってこの新しい方法がまさしく三一的なものであるのは、神という言葉の内包は御父と御子と聖霊として知られるのはなぜか」（*The Mystery of the Triune God*, p. 16）

こうして始まった三位一体論の新しい展開について、アメリカのアン・ハントは次のように描写している。

「三一神に関する神学は、現代神学においてルネサンスのようなものを享受している。神学の重要な論述にとって末梢的なものであるかのようにみなされたためか、あるいはこの名状し難い秘義について語るべき事柄は、その記念碑的な著作『神学大全』においてトマス・アクイナスによって語り尽くされたと考えられたためか、三一神に関する神学には将来はないのではないかと思われた非常に長い時代の後に、このルネサンスは非常に歓迎されている」

（Foreword, *Trinity and Paschal Mystery*, p. vii）

カトリックとプロテスタントの双方の神学において三一神の秘義へのこのようなアプローチが現れてきているが、その背後には、「伝統的なアウグスティヌス＝トマス的な三一神の神学に対する不満」があり、それがこの発展を鼓舞している。その新しいアプローチとイエスの死と復活の過越秘義を通して三一神の秘義に迫ろうとするものである。

イギリスの神学者ジョン・オドンネルは『三一の神の神秘』（The Mystery of the Triune God）の中で、バルタザール（一九〇五―一九八八年）の神学を踏まえて言う、「パウロの主張を十全的に受け止めるなら、我々は次のように言わねばならない。十字架の上でイエスは見捨てる神を体験し、罪というものがそのようなものであるが故に、神からの引き離しを体験したのである。換言すれば、十字架の上で、イエスは地獄の現実を体験したのである」（六三頁）。またモルトマン（一九二六年―　）に言及して、「我々は苦しむ神について有神論的に考えるだけでなく、キリスト者として三一神論的に考えなければならない。御子にとっての十字架上の苦難の意味を問うだけでなく、御父にとってそれは何を意味するのか問わなければならない。御父は御子を失うことで苦しむのである。こうして、十字架は御子の受難だけでなく、御父の受難をも含んでいるのである」（六四頁）と言う。彼はバルタザールの神学的な考察を次のように評価している。

「十字架において成就されたイエスの使命・派遣はその起源を永遠なる三一神のうちに有していることを我々に思い起こさせる。十字架の出来事を御父と御子とを巻き込む劇的な出来事と考えるなら、バルタザールが論じるように、するとこのドラマは神的な生の永遠の三一的なドラマのうちにその基盤を持っているはずである。十字架はドラマの歴史において締め括りとなるものであり、それはあらゆるドラマを超えている。つまり、神自身のうちでの永遠のドラマチックな行為なのである。換言すれば、異邦人としての従順への賦課物として十字架を見ることを避ける唯一の方法は、十字架のドラマチックな行為を永遠の三一的なドラマのうちに位置づけることなのである。これがバルタザールの三一神の神学の功績である。バルタザールが強調したいのは次のことである。十字架は御父と御子との切断であるが、カルヴァリオでの神の心を引き裂くドラマチックな切れ目は既に神的な三一神によって永遠の昔から抱き締められていたのである。永遠の昔から、御父は御子に自分自身を明け渡し、その存在を御子に賭けていたのであり、また永遠の昔から御子は御父に対する『然り』であり、従順による引渡しであった。従って、御父が御子に自らを賭けることが御子との距離を造り出す。御父は自らを自らから切り離す。その結果御子が存在しうるのである。しかし、この切り離しは、御父と御子との愛の交わりである聖霊によって永遠に橋をかけられてもいる。バルタザールによれば、こうして、十字架の出来事の切断と合一を可能にするところの神的な生のうちに切断と合一とが存在するのである。経綸的な三一神のドラマチックな行為が可能とされ、それは永遠の三一神の原初的なドラマのうちに包含されてい

たのである。従って、バルタザールは、神と世界との間のドラマを神と神との間のドラマのうちに位置づけるのである」（六五頁）

バルタザールによれば十字架の死はイエスの従順を示しているが、それは「能動的な自己譲渡の行為」である。それに対して全く受動的な側面を示しているのが聖土曜日の出来事である。それをバルタザールはアシジのフランシスコの言葉を借りて「死体の従順」と表現している。それはまたイエスの「陰府への降下」として表現される。「バルタザールにとって、イエスの陰府への降下は勝利を収めたキリストの地底界への凱旋の旅ではない。復活の勝利はその効果をそこにまで及ぼしており、歴史においてキリストに先立ったすべての人に対して遡及的な力を有していることは確かである。しかし、地底界へのイエスの旅は、罪人としての無力な我々の状況において我々と全面的に自分を同化したことなのである」（六七頁）。

「イエスは陰府・地獄での究極的な孤独を体験したが故に、我々のうちの誰一人としてこの孤立には定められていないのであり、むしろ我々は常にイエスとの親しい交わりへと定められているのである」（六八頁）。また、そこには「人間の自由の神秘」というもう一つの側面があることが指摘される。「神は人間が真に・現実に自由であることを認め、神は人間の『否』を受け入れるが、その無限の慈しみのうちに、神的な知性の巧妙さをもって、相応しい解決を見出す。それは、人間の自由をその最終的な孤立という最も究極的なスペースへと連れて行くことを決断することによる。

こうして、罪人は自分がもはや究極的に孤立しているのではなく、赦す神である神の御子との同伴にある自分を見出す。神は自分の孤独へと突入し、人間を自分の否定的な選択の究極的な状況へと連れて行く。その結果、罪人は自分が共－孤独（Mit-Einsamkeit）の状況にあることを見出すことになる」（六九頁）

愛の交わりの三位一体論

神の超越的な主体性を主張したカール・バルトとカール・ラーナーの三位一体論に対して、キリスト教の神は三つの神的なペルソナそのものによって形作られている唯一の交わりもしくは親交であるとする考えが確立されてきた。これが「社会的な学説」（The social doctrine）と呼ばれるものである――果たして「社会的」という訳がふさわしいか疑問である。むしろ、共同体的とでも訳したほうがよいと思われる。この流れの先駆者でもあるモルトマンはこの流れにある神学者として、カトリックのミヒャエル・シュマウス（一八九七―一九九三年）、M・J・シェーベン（一八三五―一八八八年）、W・ジーベン、ギリシア正教のクリストス・ヤンナラス（一九三五年―　）、ルーマニア正教のドゥミトルゥ・スタニロエ（一九〇三―一九九三年）、さらにカトリックのジョン・オドンネルとボフを挙げている。そしてオドンネルの『グレゴリアヌム』誌に掲載された論文「神の共同体としての三一神」（The Trinity as Divine Community [Gregorianum 69. 1 [1988] 5-34）を「優れた概要」と言い、ボフの『三一神と社会（共同体）』を「最高の意味でのエキュメニカルでカトリック的なものと、私はみなしている」と述べている（*History and the Triune God*, xii-xiii）。我が国においてボフの三位一体論の紹介は乏しく、僅かに松見俊氏の『三位一体論的神学の可能性——あるべき「社会」のモデルとしての三一神』（新教出版社、二〇〇七年）二〇〇—二五九頁で取り上げられているのみである。そこで、ボフの意図を「永遠の神は父と子と聖霊の一致であるという事実を、1）いのちの概念を通して、2）交わりの概念を通して、そして、3）ペリコレーシスの概念を通して、リアルに表現しようとする」と要約している（二二八—二二九頁）。ここでは次の一文のみ引用することにする。

「三位一体の神は三つの人格の間の区別であると言うのでは不十分である。各々の人格の本質的性格は、他の二つの人格のために、他の人格を通して、他の人格と共に、そして他の人格の中に存在していることにある。……三位一体の自己実現のプロセスは三つの人格の互いのいのちを分け合う永遠の交わり、相互浸透そして共同内在（co-inherence）のダイナミズムからなっている」（同上、二三〇頁）

なおボフには『聖なる三一神、完全な交わり』という小著もあることを言い添えておく。

三　恩恵論の新しい展開

二十世紀に入ると、カトリック神学において恩恵論は大きな進展を見たことが指摘される。レオナルド・ボフは特に三人の人物を挙げている。アンリ・ド・リュバク、カール・ラーナー、ロマーノ・グアルディニである。そして次のようにそれぞれの貢献を要約している（*Liberating Grace*, pp. 12-14）。

「リュバクの超自然・本性的なものに関する書は大きな論争を呼んだ。『超自然・本性的なもの――歴史的研究』は、一九四六年にパリで刊行された。『超自然・本性的なものの秘義』は一九五五年に刊行されている。彼は説得力あるかたちで、キリスト教の伝統の主流における二つの点を強調した。第一に、恩恵は無償で与えられた愛顧である。第二に、それはまた人間存在の人格的な本性の内に深く根を下ろした願望の対象でもある。人間性が切望しているものは、自由な賜物なのである。この賜物が人間の願望を満たすのは、それが自由な無償なものだからである。ド・リュバクは説得力あるかたちで、これらの二つの点が、アウグスティヌスとトマス・アクィナスの思想の内に現れていることを証明した。しかし、後になると、論争の中で、特に十六世紀と十七世紀にかけてのドミニコ会士とイエズス会士との間の今も進行中の論争によって見落とされてしまったのである」

「カール・ラーナーは根本的宗教的存在論の次元から研究を開始し、人間には超自然・本性的で実存的なものが存在することを論証しようと試みた。それは、絶対者への存在論的な開放性である。そのおかげで、すべての行為において、またすべての時に、人間存在は神とその恩恵とに接しているのである。それであるが故に、彼らにとって、自らを閉ざすことが罪あるものであることが可能なのである」

「ロマーノ・グアルディニは、神と人間との対話として、恩恵の地平を描写した最初の人物である。鋭い現象学的な分析をもって、彼は、人間の生のさまざまな次元を特徴づける無償性の体験を指摘したのである」

神の自己譲与

これまでカトリックの恩恵論では、「創造されざる恩恵」(gratia increata)、すなわち、聖霊そのものの授与、そして、それによる三位一体の神の内在よりも、聖霊の内住の結果、キリスト者の内に生ずるさまざまな「創造された恩恵の賜物」(gratia creata) の種類と役割についての考察に力を注いできたが、現在では「創造されざる恩恵」(gratia increata) に関心が注がれるように代わってきたが、それに大いに貢献したのがカール・ラーナーである。彼の恩恵論においてキーワードとなるのが「神の自己譲与」である。ここに彼自身の言葉を幾つか引用することにする。

「キリスト教の福音は、いわゆる『義認の恵み』についての教義、および、とりわけ『神の直観』における人間の完成についての教義の中で次のように言う。人間とは、神が絶対的に御自身を与え、かつ、あらゆる罪過の赦しをもたらされる、その自己譲与の出来事である、と」

「つまり、神の自己譲与とは、人間に譲与されるものが真に神御自身の存在にほかならぬこと、人間が神を無媒介の直観と愛の中に抱くための譲与であることを言う」

「『神の直観』とは、人間の最も深奥における、真に存在における『神化』が自然にのっとって完成を見るということである。この人間の『神化』は、恩恵論が取り扱うところのもの、人間が聖霊の譲与によって受ける『義認』と『聖化』である」

「ここで、一般的な人間論から見てすでに明らかなように、人間は神に対して絶対的な肯定、もしくは否定をなしうるという自由の存在であって、この人間に対して神がなす自己譲与は、次の二つの様式において考えられる。

すなわち、その一つは、人間の自由に対しての『提供』として、すなわち『呼びかけ』として、すでに人間の自由に先立って与えられている状況という様式である。

他の一つは、この人間の恒常的な実存規定としての神の自己譲与に対して、人間が取る『応答』という様式である。これにもまた二様式が有りうる。つまり、人間の自由がこの神の自己譲与の提供に対してなす肯定、もしくは拒否という二様式である。

その際、神の自己譲与を肯定して受け入れるということ自体も、やはり神の提供によって担われていなければ有りえない。つまり、恵みを受容するということも、それ自体やはり恵みの出来事なのである」

「神が絶対的自己譲与においてわれわれに対して現存される、とわれわれが言うとき、そこではこの神の自己譲与が親しい交わりという形で与えられている、ということも言われている」

「神の自己譲与とは、神が御自身を神でない存在に与えうることを言う」

「神が人間に向けてなす自己譲与を理解するために決定的なことは、恵みを賜る神御自身こそ恵みにほかならない、という事実である。すなわち、恵みを賜る神が、御自身を被造物の完成としてお与えになるのである」

（『キリスト教とは何か』百瀬文晃訳、エンデルレ書店、一九八一年、一五六―一六〇頁）

恩恵とは何か

ボフは「恩恵」を次のように描写している。

「『恩恵』という語は、最も基本的で根源的なキリスト者の体験に関連して用いられる。それは、神の人間存在に対する憐れみと愛は、ご自分を与えたほどに深いものである、神の体験である。それは、自らを神に愛された者とし、愛《い》とし子としての対話へと開くことのできるところの人間存在の体験である。この出会いの成果は、被造物のすべてに――しかし、特に人間存在とその歴史の内に反映される美、優雅さ、善である。人間性とは善なるもの、優雅なもの、感謝に満ちたもの、美しいもの、心温まるもの、慈悲深いものである。というのも、まさに同じような方であるところの神の訪れを受けたからである。そして、この神が人類をそのようなものとして造られたからである。

恩恵は、世界における、人間存在における神の臨在を意味する。神が臨在されることを選ばれた時、病人は癒され、倒れていた者は起き上がらされ、罪人は義なる者とされ、死者は生き返り、抑圧されていた者は自由を体験し、絶望していた者は慰めと温かな交わりを感じる。

恩恵はまた、人間存在が神に対して開かれていることを意味する。それは『無限なる者』と関係をもつための、日毎に彼らの人間性を彼らに獲得させ、神化をもって彼らに報いる対話に入っていくための人間存在の能力である。

恩恵とは常に、ご自身を与えてくださる神と、同様のことを行う人間との間の出会いである。恩恵は、その本性そのものによって、彼らを包んで閉ざされていた領域もしくは世界を打破することである。恩恵とは関係、脱出、交わり、出会い、開放性、そして対話である。それは、二つの自由の歴史、二人の愛する者の出会いである。

このため、恩恵は天と地との、神と人間との、時間と永遠との和解を意味する。恩恵は時間以上の、歴史以上の、人間性以上のある何ものかである。それは、予期せぬ無償性をもって生ずるところの『……以上の』何ものかである。レオナルド・コインブラがそれをうまく表現しているとおりである。

『恩恵とは常にその時有益なものを超え、それ以上で、格別な何ものかである。……それはあらゆる時間、あらゆる空間、あらゆる形態、あらゆる生を超え、それ以上の、過剰なものである』」（*Liberating Grace*, p. 3）

義認か聖化か

このような恩恵の新しい理解は従来のプロテスタントとカトリックの壁を打ち破ったように思われる。Ｄ・ゼレは次のように述べるのである。

「恵みは二つの形で表現される。すなわち、赦しと神の命に与かることである。義認（justificatio）と聖化（sanctificatio）という恵みの二つの側面を、心に留めておくことは重要である。……プロテスタントの伝統は、恵みは罪人を聖化する前に、義認がなければならないという事実を、非常に偏って主張した。まさにドイツの伝統においては、カトリックや東方教会が神の恵みを生き生きと経験する聖化について、語られることがほとんどない。……

しかし、キリスト教の偉大な伝統では、恵みを受けた人間とは、裁判において無罪の判決を受けた人間だけではなく、本当に罪の強制的性質から自由になった人間でもある。私たちの不安感をあおり、半減された恵みの伝統からすれば実に大胆だと思うのだが、ギリシアの教父たちは

『人間の神化』について語り、この神化（deification（theosis））において、恵みの変化させる力を主張した。パウル・ティリッヒは恵みを、『新しい存在、私たちの真の存在との再統一、愛が働きながら存在する与えられた状態』と呼んでいる。つまり恵みとは、刑務所での拘留からの釈放のような一つの点だけでなく、真の新しい始まりである。恵みは聖化する。それは刑務所を打ち破る」（『神を考える』三鼓秋子訳、一二四―一二五頁）

四　西方教会における聖霊論の興隆

第二ヴァティカン公会議において、またその後のカトリック神学、特に教会論において多大な貢献をなしたフランスの神学者イヴ・コンガールは、晩年に膨大な聖霊に関する著作を書き上げているが、その公会議の期間中（一九六二年十月十一日―一九六五年十二月八日）、東方正教会、プロテスタント、聖公会のオブザーバーたちが、討議中のテキストに聖霊論が欠如しているとしばしば批判した、と記している（『わたしは聖霊を信じる』第一巻）。その批判に対してコンガールは第二ヴァティカン公会議において存在した真の聖霊論の諸要素を明らかにし、またそれ以後、カトリック教会においてダイナミックな聖霊論が見られることを明らかにしようとしている。

かつてカトリック神学には聖霊論が欠如していると批判されてきたことは確かである。コンガール自身、カトリック教会において本来の聖霊の働きが他のものに帰せられ、聖霊が忘却されていた事実を認めている（『わたしは聖霊を信じる』第一巻補遺、二二七―二三六頁参照）。さらに思い起こされるのがエウカリスティア（聖体祭儀）におけるパンとぶどう酒の聖別に関する東方正教会との長い論争である。つまり、奉納されるパンとぶどう酒は、どこでいつキリストの体と血へと聖変化されるのか、という論争である。東方正教会はエピクレーシス（聖霊の降下を願う祈り）に、つまり聖霊の到来によってそれは行われると主張したのに対して、ローマ・カトリック教会は聖別の言葉、つまり司式司祭が口にする、最後の晩餐の時にキリストご自身によって口にされた「これはあなたがたのために渡されるわたしの体である」、「これはわたしの血の杯、あなたがたと多くの人のために流されて罪の赦しとなる新しい永遠の契約の血である」という言葉にあるとしてきた。もちろん、東方正教会において聖別の言葉がなおざりにされてきたわけではない。古代においてアレクサンドリア系の教父たちは聖別の言葉を重視していた。それに対してローマ典礼では、ひたすら聖別の言葉を強調してきた。第二ヴァティカン公会議後の典礼刷新の前まで用いられてきた「ローマ奉献文」（現在の「第一奉献文」）には「エピクレーシス」は欠けており――一部の典礼学者は「祝福の力によって」という言葉がそれにあたると主張するが――、パンとぶどう酒の入った杯の上にしばしば十字架の印をするが按手は行われなかった。ところが第二ヴァティカン公会議後の典礼刷新においては、エウカリスティアのみならずすべての秘跡における聖霊の働きが明確にされたのである。『カトリック教会のカテキズム』には、次のような言葉すら見られる。

「典礼の中で、聖霊は神の民の信仰の教導者、新約の諸秘跡という『神の傑作』の作者です。教会における聖霊の望みとわざは、わたしたちが復活したキリストのいのちを生きることにほかなりません。聖霊が自ら呼び起こした信仰の応答をわたしたちのうちにみいだされるとき、真の協力が実現されます。この協力によって、典礼は聖霊と教会の共同のわざとなります」（1091）

東方正教会と西方教会の間で交わされてきたもう一つの聖霊に関する論争が「フィリオクェ」論争である。ニケア・コンスタンティノプル信条の「聖霊は父から出」を西方教会は「聖霊は父と子から出」と「と子」（フィリオクェ）を加えて唱えてきたことについての論争である。この問題に関しては、双方が意固地になり自説を強調した時期もあったが、二十世紀になってのエキュメニカルな対話を通して、新しい理解が深まってきている（J・モルトマン著／蓮見和男、沖野政弘訳『いのちの御霊――総体的聖霊論』組織神学論叢4、新教出版社、一九九四年、イヴ・コンガール著／小高毅訳『わたしは聖霊を信じる』全三巻、サンパウロ、一九九五―九六年、ルーカス・フィッシャー編／沖野、関川、中野ほか訳『神の霊 キリストの霊――フィリオクェ論争についてのエキュメニカルな省察』一麦出版社、一九九八年参照）。

かつてエイレナイオスは「教会のあるところには神の霊があり、神の霊のあるところには教会とすべての恵みがある」（『異端反論』三・24・1）と言い、ヒッポリュトスは「教会は聖霊の花開く場である」（『使徒伝承』41）と言った。これらの言葉は教会と聖霊の密なる関係を示している。第二ヴァティカン公会議の教会論は「交わりの教会論」と表現されるが、それは「聖霊論的教会論」でもあると言えよう。コンガールはそれを次のようにまとめている。

「公会議の聖霊論的教会論において聖霊が取り戻した重要なことの一つはカリスマにおける聖霊の役割の指摘である。これは次のことを意味する。教会は単に制度的な諸手段によって構築されるだけではなく、『教会においても世界においても、人々の善と教会の建設のために』各人が『それを使う権利と義務を持っており、「思いのままに吹く」（ヨハ三・8）聖霊の自由の導きのもとに、キリストにおける兄弟たち、特に自分の司牧者と交わりながら行使されるべきものである』（『信徒使徒職教令』3）極めて多様な賜物によっても構築されるのである。……つまるところ、御霊が教会を作り上げるのである」（『わたしは聖霊を信じる』第一巻）

第二章　キリスト教的霊性

キリストとキリスト者のペリコレーシス

ペリコレーシスという概念は三位一体論において重要な概念であることはすでに見た。ところで、この語が最初に神学の分野に導入されたのはキリスト論の分野においてのことであった。つまりキリストの神性と人性とがペリコレーシスしていると表現されたのである。ジョン・オドンネルは、この概念をキリスト者とキリストとの関係に用いている。その基礎となるのは、「生きているのは、もはやわたしではなく、キリストこそわたしのうちに生きておられるのです」（ガラ二・20）というパウロの体験である。

「コリントの信徒への第一の手紙一五章28節は、エスカトンにおいて神がすべてにおいてすべてとなること、神は自分の創造・被造界のうちにあり、創造・被造界は神のうちにあるだろうとわれわれに告げている。創造・被造界は三一的な神の栄光によって全面的に浸透されるであろう。神と創造・被造界とは区別されるものであり続けるであろう。だが、両者は互いに浸透し合うであろう。恐らく、古典的な神学が三つの神的なペルソナのペリコレーシスについて語ったのとまさしく同様に、われわれは、三一神と創造・被造界のペリコレーシスについて語ることができよう。実を言えば、このことがどのようにして行われるのかを考えるのは難しいことである。だが、われわれは、われわれの人間的な体験、そして現在の信仰体験から、それについての何がしかの考えを引き出すことができる。人間的な体験において、愛の体験においてさえ、われわれは、いかにして二人の人が一つの現実・実在となり、もはや相手なしには実存しえないまでに愛において結ばれていることを垣間見ることができる。これはまた、キリストへのわれわれの信仰の体験でもある。ガラテヤの信徒への手紙において（二・20）、パウロは言っている。『生きているのは、もはやわたしではなく、キリストこそわたしのうちに生きておられるのです』。パウロの体験は、彼の人間としてのペルソナ性が、彼のうちにあるキリストの現存によって取って代られた、あるいはより良く変容された、ということである。同じ手紙の中で彼が言っているように（ガラ四・6）、われわれのうちに住むキリストの霊を有しているのであるから、われわれは、キリストと共に子供であることによって、『アッバ、父よ』と呼ぶことができるのである。従って、パウロの信仰体験は、彼の内に住むキリストの御霊を介しての、キリストと彼自身との間の生きたペリコレーシスの体験である。そして、ヨハネ福音書第一七章の大祭司としての祈りにおいて、キリストが約束し祈っているのは、まさしくこのことなのである。聖ヨハネによれば、これはイエスの高挙の時である。その時、イエスは栄光を与えられるよう祈る。しかし、それは自己主義的な栄光化ではない。イエスの栄光化は、イエスがその弟子たちのうちで栄光化される時、完全なものとされる。イエスの栄光化は、御父との彼の合一において成り立つ。彼の死の時は、彼の栄光の至高の現出である。それは従順のうちに御父の意志に完全に服する・引き渡すことだからである。彼が自分の父と共有するこの合一は、これ以後、弟子たちが御父と御子との間の合一に組み込まれることを可能なものとする。イエスは言う、『わたしはあなたからいただいた栄光を彼らに与えました。わたしたちが一つであるように、彼らも一つになるためです。わたしが彼らのうちにおり、あなたがわたしのうちにおられるのは、彼らが完全に一つになるためです』（ヨハ一七・22―23）。その深さについては聖人たちと神秘家たちによって証言されている、相互内住という現在の体験のうちに、そこにおいて神がすべてにおいてすべてとなる、神と被造界との相互内住が創造の目的・到達点であると言うとき、パウロが意図したことの予表を得ることができるのである」（J. O'Donnell, *The Mystery of the Triune God* 〔London 1988〕, pp. 165-166）

言うまでもなく、キリストとのペリコレーシスは三位一体の神とのペリコレーシスをもたらすことになる。このことは何も現代神学の発見ではなく、すでに多くの神秘家たちが発言してきたことである。たとえばボナヴェントゥラによれば、キリスト者の信ずる神は次のように描写される方なのである。

『善は自らをあまねく分かち与えると言われる』のであり、それゆえ、最高に善なるものは、最高度に自らを分かち与えるからです。しかし最高度に分かち与えることができるのは、それが現実的にして内的であり、実体的にして位格的であり、自然本性的にして意志的であり、自由にして必然であり、そして欠けることなく完全である場合に限られます。従って、最高に善きもののうちに、現実的にして実体的に同一の産出が、そして、尊さにおいて同等のペルソナの産出が、永遠よりしてあるのでないならば――かかる産出は、産みと息吹きという仕方で産み出す者がある場合です。そして、これによって永遠の始源より共に始源として永遠に産み出す者が産み出されます。かくして愛する者と（愛する者と愛される者の両者に）共に愛される者が、つまり産み出される者と息吹かれる者が、産み出されることになります。これこそ父と子と聖霊なのです――（中略）父と子と聖霊のうちには、最高度の善性のゆえに最高度の自己伝達の能力が必然的に存在しなければなりません。また最高度の自己伝達の能力の故に、実体を最高度に同じくするものでなければなりません。実体を最高度に同じくすることからして、最高度に互いに類似しているのでなければなりません。そしてこうしたことからして最高度に同等であることが、またこれによって最高度に同じ永遠性を分ち合っていることが、そしてまた、以上に述べられたすべてのことからして、最高度に互いに同じ親密さをもっているということがなければなりません。そしてこの親密さによって、一ペルソナが最高度の相互浸透によって必然的に他のペルソナのうちにあり、一ペルソナが他のペルソナと共に、至福なる三位一体そのものの実体も能力も働きも全

く分かつことなく働くのです」（『魂の神への道程』六・２＝長倉久子訳）

また、ノリッジのジュリアンは次のような言葉を記している。

「ここに三つの言葉がある。『それは私にとって歓びであり、至福であり、終わりなき歓喜である』。ここに三つの天が次のようなかたちで私に示された。『歓び』で御父が喜ばれていることが、『至福』で御子が名誉を受けていることが、『終わりなき歓喜』では聖霊が理解される。御父は喜ばれ、御子は尊ばれ、聖霊は歓びを引き出される」（二二章＝亀田訳、八六五頁）

交わりの霊性

すでに前章で近年の神観が「父と子と聖霊の愛の交わり」として展開されてきていることを見た。そこで言及したが、ボフの言葉をここで思い起こすことにしよう。彼は言う。

「神は孤独なものではなく交わりであると我々は信じている。主たる、第一のことは『一』ではなく『三』なのである。三が最初に来る。その後、『三』者の間の親密な関係のゆえに、三者の一致の表現として『一』が来る。三一神を信じることとは、存在するすべてのものの根源として動きがあるということである。生命の、外への動きの、愛の永遠のプロセスがあるのである。

三一神を信じるとは、真理は排除よりも交わりの側にあるということを意味している。同意・一致は真理を賦課するというよりも真理を移すのである。多くのものが参与することは単一者の独裁よりも優っている。三一神を信じることは、あらゆるものがあらゆるものと関係していること、したがってあらゆるものが大きな全体を形成すること、一致はただ一つの要因からではなく、何千もの収斂に由来するということを受け容れることを意味する。

我々はただ単に生きているのではない。我々は常に共に生きているのである。生命にかかわるあらゆる恩沢は善いものであり意義あるものである。したがって、神の存在のこの交わりという様態、常に三者の交わりと一致であるところの神の三一的な様態を信じることは意義あることなのである」（*Holy Trinity, Perfect Community*, p. xvi）

このような神観に立てば、近年のキリスト教的霊性において「交わり」が強調されるのも極めて当然のことと言えよう。そもそも翻ってみれば、人間は「交わり」のうちに生きるものとして創造されたのであった。それは創世記に見られるとおりである。それは第一の創造の記述においても、第二の創造の記述においても指摘されていることである。

「神はご自分にかたどって人を創造された。人を神にかたどって創造され、男と女とに創造された」（創一・27）

「神である主は仰せになった、『人がひとりでいるのはよくない。彼にふさわしい助け手を造ろう』……神である主は人から取ったあばら骨を一人の女に造りあげ、人の所に連れてこられた。すると人は言った、『これこそ、わたしの骨からの骨、わたしの肉からの肉。……』」

（創二・18、22―23）

つまり交わりのうちに生きるものとして造られたのであった。ところが罪を犯した後アダムは言うのである。

「わたしの連れ合いとしてくださったあの女が木から取ってくれたので、わたしは食べました」

（創三・12）

もはや「あの女」であり、「わたしの骨からの骨、わたしの肉からの肉」ではないのである。この結果、女に「お前は夫を慕うが、夫はお前を抑えつける」（創三・16）と言われ、男には「お前は一生労苦して土から糧を得よ。大地はお前のために茨と薊を生やし、お前は野の草を食べる」（創三・17―18）と言われることになる。こうして被造界全体が交わりを絶たれたものとなってしまったのである。パウロは言う、

「被造物は神の子らが現れるのを、切なる思いで待ち焦がれているのです。被造物は虚無に服従させられていますが、それは、自分の意志によらず、そうさせた方のみ旨によるのであり、同時に希望も与えられています。すなわち、その被造物も、やがて腐敗への隷属から自由にされて、神の子供の栄光の自由にあずかるのです。わたしたちは今もなお、被造物がみなともに呻き、ともに産みの苦しみを味わっていることを知っています。被造物だけでなく、初穂として霊をいただいているわたしたち自身も、神の子の身分、つまり、体の贖われることを待ち焦がれて、心の中で呻いています」（ロマ八・19―23）

この状態からの解放こそがキリストの十字架の死と復活であった。ヨハネ福音書においてイエスはしきりに父なる神に祈って言う、「どうか、すべてのものを一つにしてください」（ヨハ一七・21―23）。そしてその死の意味を「散らされている神の子たちを一つに集めるため」と説明する（ヨハ一一・52）。

それはパウロも同様である。

「実に、キリストご自身こそ、わたしたちの平和であり、互いに離れていた二つのものを一つにし、ご自分の肉において、人を隔てていた壁、すなわち、敵意を取り除き、……二つのものをご自分に結びつけることによって、一人の新しい人に造りあげ、平和を実現されました。すなわち、キリストは十字架によって、互いに離れていた二つのものを一つの体とし、神と和解させてくださいました。ご自身において敵意を根絶させられたのです。……実に、キリストを通してわたしたち両者は、一つの霊によって御父のもとへ近づくのです。

ですから、あなた方は、もはや他国の者でも寄留者でもありません。聖なる者であり、神の家の者です。あなた方は使徒と預言者という土台の上に、キリスト・イエスご自身を要石として築きあげられたのです。このキリスト・イエスに結ばれることによって、建物全体は組み合わされ、主のうちにあって大きくなり、聖なる神殿となります。キリストに結ばれることによって、あなた方も霊によってともに組み入れられ、神の住まいを築きあげることになるのです」

（エフェ二・14―22）

したがって、キリストにおいて、また神の子とする霊によって神の子とされたキリスト者は「わたしたちの父よ」と神に呼びかけるのである。確かに、エレミアスらが指摘するように「主の祈り」の原形は「アッバ、父よ」という言葉で始まっていたのであろう。だが、初代のキリスト者たちが「わたしたちの」という語を加えたのも妥当なことであったと言えよう。イエスを除いて、わたしたちにとっては、神は「わたしたちの」父なのである。だからこそ、キプリアヌスは「主の祈り」を説明して次のように言うのである。

「何よりもまず、平和の博士であり一致の教師である主は、誰かが祈る時、個人個人が別々に祈ったり、自分のためだけに祈ったりすることを、お望みになりません。私達は『天にましますご、私の父よ』とか『私の日用の糧を今日私に与えたまえ』とか『自分の負い目だけがゆるされるように』と願うのでもなく、『自分だけが試みに引かれず、悪から救われるように』と願うのでもありません。私達の祈りは、公のものであり、共同のものです。祈る時は一人の人のために祈るのではなく、民全体のために祈るのです。民全体はひとつなのですから。私達に一致を教え、平和と和合を説かれた師である神は、すべての人をひとりで担われたように、一人のひとがすべての人のために祈ることを、お望みになります」（主の祈り８、吉田聖訳）

「主ご自身がこのように祈ることを私達にゆるされない限り、私達の誰ひとりとして祈りの中でこの称号（父）をあえて用いる者はないでしょう。

それゆえ、愛する兄弟達よ。神を『われらの父』と呼ぶ場合、私達は神の子として振る舞わねばならないことも承知し、心に銘記しておいてもらいたいのです。私達が『父である神』に自らの喜びを見出すのと同様に、神もまた『私達』に喜びを見出されるためです」（主の祈り11）

この思いが端的に現れているのが典礼の祭儀である。その中心的なエウカリスティアの祭儀においては、罪の告白において「わたしは」と祈った後、一貫して「わたしたち」を主語にして祈られる。「わたし」という言葉が用いられるのは主キリストの言葉か、信条を唱える時の教会を主語とする場合だけなのである。

太陽の賛歌＝被造物との和解の歌

この文脈に立って初めて、アシジのフランシスコの「太陽の賛歌」が理解される。「たたえられよ　わが主、あなたから 造られたものみなによって」と呼びかけ、兄弟なる太陽、姉妹なる月と星々、兄弟なる風と大気、姉妹なる水、兄弟なる火、姉妹であり母である大地と次々と被造物を神への賛美へと呼びかけるものである。この賛歌の真意はしばしば誤解されがちである。ドロテー・ゼレも、「フランチェスコ会派の霊性の感傷的な傾向がフランチェスコの精神を殺し、そのような傾向が一般の教会に充満している」との指摘をしている（『働くことと愛すること』関正勝訳、八九頁）。だが、この賛歌はセンチメンタルな、あるいはロマンチックなものではない。これが作られたのが、十字架上のキリストの傷跡である聖痕が刻まれ、激しい痛みのさなかのことであったこと、さらには後半において、次のように歌われていることからも明らかである。

「たたえられよ　わが主、
あなたへの 愛のため　ひとを赦し 病を忍び
苦しみに 耐えるものらによって

幸いなるかな心安らかに 忍ぶもの
彼は いと高きあなたの　とわの冠に ふさわしい

たたえられよ わが主、
われらの姉妹 肉体の死によって
生けるものはだれも その手から 逃げることがない」

明らかに、これは和解の歌である。

さらに、遺言において「主がわたしに兄弟を与えてくださった」と言って兄弟が神からの賜物であるという、フランシスコにとって兄弟姉妹と呼びかける被造物は神から与えられた賜物として、共に賛美へと呼びかけるのである。

フランシスコにとってキリストの呼びかけに応えて自分のもとに来たものはみな神からの賜物であった。だからこそ、彼は会則に次のように記すのである。

「兄弟たちはどこにいても、またどこで出会っても、互いに同じ家族の者であることを示し、一人は他の一人に自分の必要をためらうことなく打ち明けるべきである。まことに、母がその肉親の子を養い愛するとすれば、兄弟たちは、どれほど心をこめてその霊的兄弟を愛し、養わなければな

らないことか」(『会則』6、二一七頁)

ところが現実には、兄弟姉妹を賜物として受け入れるのは容易なことではないのである。フランシスコ会の霊性の研究家であるタデエ・マトゥーラは、フランシスコ会の刷新が「愛」ではなく「貧しさ」に依存してきたという指摘を受けて「兄弟愛」こそが刷新の原動力になるとし、次のように述べている。

「愛というものは活動的な力である。すべての人が自分の隣人であり、兄弟なのである。自分を開放し、人を受け入れようとする愛は人類全体に対して向けられるものでなければならない。とすれば、常にすべての人を善意をもって愛し、評価し、愛おしむという状態になければならない。そのような愛は現実の状態の中で具体化されなければ、単なる白昼夢に終わってしまう。一般的に人を愛するのは易しい。またはめったに会うことのない人の悩みや苦しみなどを十分理解することも容易なことである。その愛が純粋で本物であるか否かは日々、身近にある人々によって試されるのである。当然、結婚した夫婦の間で、家族の間でこそ、この愛は問われるわけであるが、それ以上に問われるのが、共に選んだ共通の福音的な生き方を生きようと努める人々、信仰共同体、修道的共同体においてである。そこでこそ、最も自己否定的な愛が要求されるからである。そのような共同体においては、その土台は無条件の互いの受け入れである。受け入れるということは、絶対的な価値を有するものとして他者を認めることである。自分の気に入ろうと気に入るまいと、病気であろうと健康であろうと、有用な存在であろうと無益な、むしろ有害な存在であろうと、徳があろうと欠点だらけであろうと、神の豊かさの神秘的な現れとして、その人の存在の独特の価値を心の奥深くで信じるのである。神が永遠のためにわたしを造ってくださったように、その人をも造ってくださったことを神に感謝するのである。自分は罪人であったし、また今でもそうであるのに、神は無条件にわたしを愛してくださっているのであるから、神が与えてくださった兄弟のうちに、同じく『神に愛された者』を見るように努めるのである。なぜなら、その人のためにも神はご自分の独り子さえ惜しまずに渡されたからである（ロマ八・32）。このようにその人を見ることは、その人のためにもキリストが死んでくださったこの兄弟姉妹の、人間的なまた神的な豊かさを徐々にわたしに知らせてくれるであろう。そうすることが、あるがままのその人を受け入れ、あるがままのその人であることを喜び、あるがままのその人をほめるようにとわたしを導くであろう。神がわたしに示してくださった愛とはそのようなものであり、神がわたしに望んでおられる愛とは、わたしの前を行ったり来たりし、一緒に生活しているこの特定の兄弟姉妹に対してである」（「一九七六年アシジでの総集会での講話」より抜粋）。

「わたし」から「わたしたち」へ

サン・ヴィクトルのリカルドゥスは『三位一体論』第三巻第一五章において、神のペルソナが三つであることの必然性を次のように説明している。

「ただ独り他方から愛されている限り、彼はただ独り自分にとって最大の愉悦を有しているようなものである。同じく、もう一方のほうも『共に愛される者』をもたない限り、最大の喜びの共有を欠いているのである。

しかるに、このように双方が愉悦を共有しうるために、彼らは『共に愛する［第三の］者』をもたねばならない。ゆえに、……互いに愛する者たちが完全なものは何であれそれを共にするほど大きな仁慈をもっているなら、……双方は等しい希求、等しい理拠によって『共に愛する者』を求めなければならないし、その希求に応じたその権能の充溢によって［『共に愛される者』を］所有しなければならない」（『中世思想原典集成９』五四〇頁）

アウグスティヌスは『告白録』の冒頭で次のように述べている。

「あなたがかりたてます、
　あなたを讃えることが
　喜びであるように、
　それは、あなたがわたしたちを

あなたに向けて創られたからです、
そのためわたしたちの心は、
あなたのうちに憩うまでは
安らぎをえません」
（一・一・1＝『アウグスティヌス著作集5-Ⅰ』宮谷宣史訳、教文館、一九九三年、二〇頁）

ロシアの思想家ベルジャエフは『孤独と愛と社会』の中で次のように述べている。

「孤独とならないためには、人は『われ』ではなく、『われわれ』といわなければならない」
（氷上英廣訳、一二八頁）

「客体に対しては『われ』はつねに孤独であり、私自身から外へ出ない。これに反して、私にとって『なんじ』であるところの他の『われ』に対しては、私は私の孤独から歩み出て、共同体の中にはいる」（一五二頁）

「孤独の克服として、『われ』の『われ』への、人格の人格への参入の問題が残る。これこそ愛の問題、エロス的な、また友情的な愛の問題である。けだし愛は別つべくもなく人格の結びつき、『われ』の他の『われ』への歩み出であって、非人格的なもの、集団的な『それ』への歩み出ではないのであるから。しかし『われ』はいまだ人格ではない。『われ』は人格にならなければならない。そして『われ』と『なんじ』と『われわれ』のあいだの共同体は、『われ』が人格となるのを助ける。人格は、自己から他者への歩み出に際して、共同体において自己を強める」（一五九頁）

「『われわれ』は『われ』のあいだの内的な共同性・共同体として実存する。そこでは各人が『なんじ』であって、『それ』ではない」（一四九頁）

「『われわれ』は『われ』にとっての客体ではない。『われわれ』は『われ』の外部に与えられているのではない。『われわれ』は『われ』の生の内容であり、特性である。なぜならおのおのの『われ』はたんに『なんじ』への関係ばかりではなく、人間的複数への関係を前提とするから。このこととまた教会の理念《イデー》とは関係がある」（一四九―一五〇頁）

アパテイアからコンパッションへ

近代社会においてキリスト教的修徳が個人主義的なものであるという非難を受けていたことは既に見た。かつて聖書以上にカトリックの信者によく読まれていた『イミタティオ・クリスティ』が第二ヴァティカン公会議後ぱたりと読まれなくなってしまった理由の一つとして同書における「年若い人々や、外部の人々とあまり交わるな」（一・九・2）、「できるだけ、人々の騒がしさを避けよ。世俗のことを語るのは、たとえ悪意がないにしても、非常に心を騒がせるものだからである」（一・一〇・1）、「世間の事柄にかかわればかかわるほど、心は邪魔され、気が散るものである」

（二・一・36）といったアパテイア（不動心、無感動）的な表現が挙げられる。
これに代わってよく口にされるのが「コンパッション」である。従来「同情」と訳されてきたが、現今キリスト教霊性において用いられる場合はむしろ「共苦共感」と訳すのがふさわしかろう。この考えは、すでに引用した第二ヴァティカン公会議の『現代世界憲章』の冒頭の「現代人の喜びと希望、悲しみと苦しみ、特に、貧しい人々とすべて苦しんでいる人々のものは、キリストの弟子たちの喜びと希望、悲しみと苦しみでもある」という言葉に表現されている。神学的に見れば、キリスト教の信ずる神は「デウス・インパッシビリス」つまり「不受苦の神」ではなく、「痛む神」「苦しむ神」「十字架で死ぬ神」であるという神観の変換が背景にあると言えよう。また、「イエスは大勢の群衆をご覧になり、牧者のいない羊のようなそのありさまを、憐れに思い」（マコ六・34）というように用いられ「憐れみ」のヘブライ語の原意は、「腸《はらわた》」を意味し「共苦共感」を意味することが強調されるようになったことを言い添えることができよう。多くの人物、多くの言葉を引用することができるが、ここではマザー・テレサの次の言葉を引用することにする。

「貧しい人たちの中でも最も貧しい人たちに接している時、私たちの誰もがそう感じています。恵まれない人たちは私たちが彼らを識ることを必要としているのです。彼らに奉仕するための私たちの手を、彼らを愛するための私たちの心を必要としています。家族や友人もなく、愛し愛される人もなく、財産もない老人たちの孤独を考えてごらんなさい。どこでもかしこでもこの苦しみ、愛に飢えている苦しみが見られます。そして、あなたや私たちだけがこの飢えを満たすことができるのです」（『マザー・テレサ愛を語る』支倉寿子訳、日本教文社、一九八二年、六三頁）

秘跡に根ざした霊性

かつての修徳論が主に浄化・照明・完成もしくは一致という三様の道という形で展開されてきたことは既に見た。そこで展開された事柄は、第二ヴァティカン公会議後、刷新された秘跡の理解と完全に対応していることが分かる。『カトリック教会のカテキズム』では、聖霊こそが「神の民の信仰の教導者」であり、「新約の諸秘跡という『神の傑作』の作者」であり、教会における聖霊の望みとわざは、われわれが「復活したキリストのいのちを生きることにほかならず」（1091）、聖霊は「教会をキリストとの出会いに備え、信じる会衆にキリストを思い起こさせ、ご自分の変化させる力によってキリストの神秘を現在化させ、最後には、交わりの霊として、教会をキリストのいのちと使命とに結びつける」（1092）と述べている。

そして、七つの秘跡はそれぞれ独自の機能を果たすのではあるが「一つの有機体」を形成していること、この有機体の中で、「秘跡の中の秘跡」として聖体（エウカリスティア）が中心を占めていることを指摘する（1211）。

また、洗礼・堅信・聖体の三つの秘跡は「キリスト者の生活全体の土台」であるとして、次のように述べている。「キリストの恩恵が人々にもたらす神との結合は、自然の生命の誕生、成長、維持に似ています。それというのも、信者は洗礼によって新たに生まれ、堅信の秘跡によって強められ、感謝の祭儀の中で永遠の生命の糧で養われるからであって、こうして人々は、これらのキリスト教入信の秘跡によって、しだいに神の生命にますます豊かにあずかり、愛の完成へと進んでいきます」（1212）。

四世紀のミスタゴギア（秘義教話）に見られる洗礼の秘跡の理解

キリスト者としての生が始まるのは洗礼の秘跡をもってである。では洗礼の秘跡において何が起きているのであろうか。ここでは四世紀後半に新受洗者に対して行われた「ミスタゴギア」（秘義教話）を通してそれを見ることにする。それらは復活徹夜祭に洗礼を受けた新信者に、受けたばかりの秘跡について説明するもので、受洗後の一週間に数度にわたって行われた。この特徴は、儀式の式次第に即して、さまざまなシンボルとして行われる所作を説明していくところにある。当時のミスタゴギアとしてよく知られているのは、エルサレムのキュリロス、ミラノのアンブロシウス、ヨアンネス・クリュソストモス、モプスエスティアのテオドロスのものである。一九六三年にアンブロシウスのものが、一九六五年にはキュリロスのものが邦訳刊行されているので、それらによって見ることにする。

ミラノの教会では、油を塗られた後、西を向いて立つ洗礼志願者に「あなたは悪とそのわざを捨てるか」「世とその快楽を捨てるか」と問いかけ、志願者は「捨てます」と答える。その後、東に向きを変える。これをアンブロシウスは「この世の戦いを戦うべきキリストの競技者のように、油を塗られた。あなたは、この戦闘を行うために、戦いに従事するという宣言をした」と説明している。

エルサレムの教会でも、西に向かって立つ洗礼志願者は、手を西に向けて伸ばすように命ぜられ、「悪魔に面と向かって言うかのように、『悪魔よ、私はお前を捨てる』、『お前のすべての業を捨てる』、『お前のすべての栄華を捨てる』、『お前に対する一切の礼拝を捨てる』と言う。次に、志願者は西に背を向け、東に向かって『私は、父と子と聖霊と、更に改心（メタノイア）の唯一の洗礼を信じます』」と言う。

これらの動作と言葉によって示されるのは洗礼が一種の選択であること、つまり悪魔を捨てて、キリストに従うことを選ぶことであり、メタノイアであり、罪の子から神の子への移行であるということである。

この後、洗礼が授けられるが、古代の慣例によって衣服が脱ぎ捨てられる。キュリロスは、パウロの言葉（コロ三・9）を引用して、「あなたがたは洗礼堂に入るとすぐ衣服を脱ぎました。それは、古き人をその業と共に脱ぎ捨てるシンボルです。……古い服とは、目に見える着物ではなく、情欲に迷って滅び行く古き人のことです。その服を脱いだ魂が二度とそれを着することのないように」と説明する。しかしそれだけではない。「衣服を脱いであなたがたは裸になりましたが、それは、裸で十字架につけられたキリストに倣うことです」と言い、「あなたがたは、みんなの前で真っ裸でしたが、不思議なことに、恥ずかしがりませんでした。それは、はじめに創られたアダムが、パラダイスで裸を恥じなかったことの復原であります」と続けている。つまり裸であることは十字架のイエスの模倣であり、原初の無垢の回復を表わしているというのである。

アンブロシウスも言う、「見よ、あなたの洗礼は、キリストの十字架、キリストの死においての洗礼であり、この十字架と死から来る洗礼である。キリストがあなたのために苦しみを受けられたことは、あらゆるミステリウム（秘跡）の総括である。あなたは、キリストによってあがなわれ、キリストによって救われる」。「それで、泉は、一つの埋葬のようなものである」。しかし、それはまた「再生の泉」でもある。「洗礼においても死の像があるから、あなたが水に沈み再び上がってくるとき、疑いもなく、復活の像もあらわれる。したがって、使徒聖ペトロの解釈に従って、もしキリストの復活が一つの再生であるならば、洗礼の復活もまた、一つの再生である、と当然言うことができる」。

洗礼は「神の子」としての誕生であると同時に「教会の子」としての誕生でもある。これをヨアンネス・クリュソストモスは次のように表現している。「教会はその子らのゆえに喜んでいる。愛すべき母は、彼女の回りを取り巻く子らを見るとき喜ぶ。彼女は喜び踊り、……霊的な母、教会はその子らを見詰め、喜ぶ……考えてみよ。この霊的な母は、一夜にして、突然、何と多くの子らを産むことか」。

そしてまた、洗礼はキリストとの婚姻でもある。洗礼の日は霊的婚姻の日、洗礼志願者は花嫁であるとして、同じくヨアンネス・クリュソストモスは言う、「来なさい。聖なる婚姻の部屋に導かれる花嫁のように、あなたたちに話します。あなたたちに、花婿のあふれんばかりに豊かな富を知らせ、花婿が花嫁に示された、言葉で語り尽くせぬ善を知らせましょう」。

洗礼とは何か、アンブロシウスは言う、「救い、癒し、浄め、新しい創造、新しい誕生、変革、照らし」である、と。他方、キュリロスは次のように言っている。

「近いうちに、あなたがたの受ける洗礼のすばらしさ――
捕われ人が解放されること、
罪人が赦されること、
罪そのものがなくなること、
魂が再生すること、
光の衣を身にまとうこと、
聖なる刻印が永遠に捺されること、
天に昇る凱旋車に乗ること、
パラダイスの歓喜が溢れること、
み国の民となること、
神の子とされる恩恵に浴すること」（序・16）

ここに説明されていることは、第一部で見た修徳・修行論で展開されたテーマと同じように説明されていることに気づくはずである。そしてまた、浄化・照明・一致という三様の道は洗礼の秘跡によってもたらされる恩恵と一致するとも言えよう。あるいは入信の三つの秘跡のそれぞれの強調点から次のように言うこともできよう。浄化は洗礼の恵み、照明は聖霊の授与を特徴とする堅信に、一致は聖体（エウカリスティア）に対応する。

結びに代えて

救いと人間の関わり、あるいは神の恵みとそれに対する人間の姿勢について、ドロテー・ゼレは、バクティというヒンドゥー教をモデルにして説明している。それは「猿の握り」派と「猫の握り」派という区別である。どういうことか。「母猿が危険に陥ったとき、子猿は母猿にピタリと身を寄せ、母猿が危険から逃げるのと同時に、子どもも助かる。神の救いの行為のように母親も行動するが、しかし子猿も母親に身を寄せることによって共に働いているのである。それと全く異なるのが猫の場合である。猫に危険が迫ると、猫は子どもを口にくわえる。子猫は受け身であり、自分が救われることに対して何もしない。あらゆる協力は排除される」(『神を考える――現代神学入門』三鼓秋子訳、一三二頁)。これをカトリックとプロテスタントにあてはめて説明するのであるが、ここではそれは置いておく。一つ問いたいことがある。果たして子猫は何もしないのであろうか。否、そうではない。力を抜いて母親に自分を委ねきっているのである。われわれはついつい力んでしまう。この「力を抜く」ことは、実は、難しいことなのではあるまいか。実際の所、われわれが力んでいるが故に、内在される聖霊の働きを妨げているのであろう。聖霊の働きに身を委ね力を抜くことこそ重要なのではあるまいか。とはいえ、母親にしがみつくにせよ、母親が口にくわえるのに任せるにせよ、われわれにできることはそれだけなのである。とはいえ、ゼレが解放の神学の立場から言うように、われわれの協力は不可欠なのである。

修徳・修行は非キリスト教的か

修徳とか修行とかといったことはほとんど口にすることも耳にすることもなくなってしまった。そのことはかつての修道者のエリート意識を剥奪し、言ってみれば霊的な民主主義を育成するためには大いに益するところがあったと言えよう。ただし、それは逆に修道制を衰退させることになったとも言える。第二ヴァティカン公会議後の修道者の数の激減は単なる偶然とは言えまい。具体的な数を提示してみよう。ここでは代表的な修道会であるイエズス会とフランシスコ会に限定してその数を見ることにする。イエズス会は一九六五年に全会員数は三六、〇三五名であったが、二〇〇七年には一八、七一一名に激減している。フランシスコ会は一九五二年の段階で総会員数は二五、四三八名であったが、二〇〇七年には一五、一三〇名である。この時点でのフランシスコ会の他の二つの会を見ると、コンヴェンツアル・フランシスコ会が四、五一三名、カプチン・フランシスコ会が一一、〇九二名で、三つの会を合わせても三〇、七三五名である。

もちろん修道制の衰退には教育制度と医療・福祉制度の充実、少子化、生涯独身で過ごすことが世間的に奇異に見られなくなったこと等々の要因が考えられる。ここではそれらの要因との因果関係を論ずることは止め、ただ修徳・修行が顧みられなくなった結果、修道者が教会法によってその身分は保障され擁護されてはいるものの、生き方としては一般の信徒と何ら変わらない、否むしろ逆に甘い生活を送っている、いわば「鵺」のような存在になっていることにあるのではあるまいか。

一方で、そもそも修徳・修行といったこと自体が非キリスト教的なものなのだとする見解もある。果たしてそうなのだろうか。確かに、古代から中世を通してのキリスト者の修徳生活を考えると、ナザレのイエスの生き方よりも洗礼者ヨハネの生き方に近いのではないかという思いに捕われることがある。「彼はらくだの毛の衣をまとい、腰には革の帯を締め、蝗と野蜜を食物としていた」（マタ三・4）と記されたその姿は、旧約の代表的な預言者であり、ヨハネはその再来であるとも言われたエリヤの姿と重なるところがある。東方教会のイコンの題材としてエリヤと洗礼者ヨハネが好んで取り上げられているし、洗礼者ヨハネは古来、修道者の保護聖人とみなされてきたことにもそれはうかがえる。それに対して、ナザレのイエスは「大食漢、大酒飲み」（マタ一一・19）と言われ、その弟子たちは「断食をしない」と非難されている（マタ九・14）。ヨハネ福音書の描くイエスを評して「お祭り好きのイエス」と言う人（大貫隆）もあるとおり、徴税人やファリサイ派の人とも食卓についている。しかし、イエスが神の国の譬えとして宴会を好んで取り上げていることを考えれば、それはイエスによって神の国が到来したことを示す行為であったと言えよう。「人の子には枕する所もない」（マタ八・20）という言葉に示されているように、その生活は簡素極まりないものであり、苦しむ人、病んでいる人といった「牧者のいない羊のようなそのありさまを、憐れに思い」、彼らに手を差し伸べ「食事をする暇もなかった」と記されている（マコ六・34、31）。旅にあたって、

「何も携えてはならない。杖も袋も、パンも金も、また下着も二枚持ってはならない」（ルカ九・3）という弟子たちへの言葉はイエス自身が実践していたことであるに違いない。

また、「イエスは祈るために山に行き、夜通し神に祈られた」（ルカ六・12）とあるように、徹夜で祈っているイエスの姿が描かれているし、変容の出来事が起きたのも「祈るために山に登られた」時のことである（ルカ九・28）。そして、何よりもゲッセマネでの祈りがある（マコ一四・32—42、マタ二六・36—46、ルカ二二・40—46）。ヘブライ人への手紙の著者は「キリストは、この世におられたとき、自分を死から救うことのおできになる方に、大きな叫び声と涙をもって、祈りと願いをささげました」（五・7）と要約している。

さらにイエスの従順を挙げることができよう。先に指摘したゲッセマネでの「わたしの思いではなく、み旨のままになさってください」（マコ一四・36）に如実に表われているが、特にヨハネ福音書においてイエスは繰り返し「自分の意志を果たすためではなく、わたしをお遣わしになった方のみ旨を行なうためである」（六・38など）と述べている。そして、ヘブライ人への手紙の著者は、「彼は御子であるのに、数々の苦しみによって従順を学ばれました」（ヘブ五・8）と要約している。

同じくヘブライ人への手紙の著者は言う、「あなた方は、罪と戦っていますが、まだ血を流すほどの抵抗をしたことはありません」（一二・4）。もちろん、この背景にもイエスの姿がある。それはヨハネから洗礼を受けた後の荒れ野での試みに示されているし（マタ四・1—11、ルカ四・1—13）、その生涯が罪と悪との戦いであり、まさしく十字架の死そのものが罪と悪との決定的な対決であった。

このイエスの「自分の十字架を担ってわたしに従いなさい」(マタ一〇・38)、「行って、『天の国は近づいた』と宣べ伝えなさい。病人を癒やし、死者を生き返らせ、重い皮膚病を清め、悪霊を追い出しなさい。ただで受けたのだから、ただで与えなさい。帯の中に金貨も銀貨も銅貨も入れて行ってはならない。旅に際して、袋も二枚の下着も、履き物も杖も身に帯びてはならない」(マタ一〇・7―10)という呼びかけに従うのである。ヒエロニムス以来、修道者たちの間で好んで口にされた、「裸のイエスに裸で従う」という言葉はこのような背景のもとに理解されよう。

ヨハネ・パウロ二世の『奉献生活』

ヨハネ・パウロ二世は一九九六年に使徒的勧告『奉献生活』を公刊している。「奉献生活(vita consecrata)は主キリストの模範と教えに深く根ざしており、聖霊をとおして教会に与えられた、父である神のたまものである」という言葉で始まる本書において、「『キリストに従う』この特別な道は、つねに御父に由来しており、キリスト論的、聖霊論的にきわめて重要な意味を持っています。この道は、キリスト者の生活の三位一体的な特徴をとりわけ生き生きとした形で表し、教会全体が目指している終末的完成を、いわば先取りするものです」(14)と述べて奉献生活がキリストと三位一体の秘義にその起源があるとする。そして、教皇はその生活の聖書的根拠を変容の秘義のうちに提示している。

伝統的な禁欲の手段を再発見する必要があるとし、禁欲の意義については次のように述べられている。「禁欲の実践は、聖性において正しく進歩することにとって力強い助けとなってきましたし、これからもそうあり続けるでしょう。奉献された人々が、召命に忠実にとどまり、十字架の道を歩んでイエスに従おうとするなら、禁欲は、罪で傷ついた人間本性の傾きを抑制し矯正することを助けるものとして真に欠かすことのできないものです」（38）。

修徳・修行生活の未来

カトリックの修道女との対話で、「カトリックの世界でも座禅が受け容れられていて、座禅を組む人が多い」という発言に対して、臨済宗の玄侑宗久師は「私は今、座禅をやる我々のほうが「カトリックの」瞑想を学ぶべきじゃないかという気がしているんですよ」と語っている（『仏教・キリスト教 死に方・生き方』一四二頁）。今は下火になったようにも見受けられるが、確かに一時期、カトリック界で座禅がもてはやされたことがあった。しかし、それに対して果たしてカトリックの側で伝統的な瞑想がどれだけ大切にされているのであろうか。確かに、一見ロヨラのイグナティウスの『霊操』がもてはやされているかの印象は受ける。それもいわゆる修道女たちの終生誓願の準備の一環として為されている場合が多いようである。そして、何よりも気になるのは、他の伝統的な瞑想法はどうなっているのか。忘れ去られているのではあるまいか。皮肉なことである。

すでに見たように現代世界における修道会の衰退を思うと、修道会の使命は終わったのではあるまいか、との思いが浮かんでくる。修業・修徳を失った修道生活に意味はあるのだろうか。携帯電話やパソコンによるインターネットの使用はかつての修道院の禁域——修道者以外の出入りを禁ずる領域——を形骸化し有名無実のものにしているのが現実ではあるまいか。「奉献生活」と訳された「ヴィタ・コンセクラータ」とはキリストの自己犠牲に連なる自己奉献・犠牲を目指すものではないのか。近年よく耳にするのであるが、自己実現を目指して修道会を選ぶとか、自分探しの延長線上に修道会へ入会を求める人々がいるとも言われている。いったい、「自分の命を得ようとする者はそれを失い、わたしのために命を失う者は、それを得る」（マタ一〇・39）というイエスの言葉はどうなってしまったのだろうか。修道生活、否キリストに従って生きようとするキリスト者の生活はキリストの自己犠牲に連なる自己奉献・犠牲を目指すものではないのか。キリストのあの徹底した従順をキリスト者はどこで活かすのか。

霊的な成熟と実効的な修業

ここまで書いてきた段階で合気道家の内田樹氏の『修業論』を拝読した。氏はユダヤ人哲学者エマニュエル・レヴィナスの研究家でもある。実は、筆者はそちらのほうでお名前を存じ上げていた。氏は、同書で「現代における信仰と修業」という章を設けておられる。そこで述べておられることから触発されたことを、書かせていただくことにする。

「レヴィナスは、霊的成熟を遂げたものしか、本当の意味での信仰を担うことはできないと書いた。それは言い換えれば、おのれの生身の身体にしっかりと根づいたものしか、信仰を持ちこたえることはできないということである」（一八〇頁）

「信仰が根づき開花するのは、人間の生身であるということ、信仰がめざすのは霊的な成熟であるということ、それがレヴィナスのもっともたいせつな教えである……」（一八二頁）

「信仰を安定的に基礎づけるためには、成熟と修業のふたつが必要だというのが私の経験的な知見である。それはどの宗教についても変わらない。

現代日本の信仰共同体は、その成員たちの霊的成熟と実効的な修業のシステムをバランスよく整備しているだろうか。私にはわからない。

もちろん、どの信仰共同体もそれぞれのしかたで、教学の学習と儀礼の実修を行なっているはずである。だが、『霊的な意味での成人になること』と『幽かなシグナルを感知し、適切に対応する能力を涵養すること』を目的とした効果的なプログラムを有しているかどうかについては、私はほとんど知るところがない」（一七五頁）

「霊的な成熟」。近年、カトリック界でよく聞かれる言葉でもある。しかし、これが口にされる背景には「幼児化現象」がある。何とも皮肉なことに、修徳を目指して入ったはずの修道院での生活が、あまりにも整備され、ただ頭を持ち上げなければ、つまり反抗的にならない限り、生活のすべてが保証され、役割分担も決まっているので、幼児化することが指摘されてきた。セックスレスが口にされる現代の日本において、独身生活を守ることも禁欲というよりも、夫婦・家族において責任を負う必要もない、きわめて気楽な状態にもなりかねないのである。

内田氏は「祈りの場を清浄なものに保つことが宗教実践の基礎中の基礎」とし、「チャペルの掃除」を推奨する。それは、「人間は汚れた場所では祈ることができない。祈りとは幽かなシグナルを聴き取ろうとする構えのことである。祈るためには五感の感度を最大化しなければならない」からである（一七六頁）。

このことで思い浮かぶのがアシジのフランシスコである。回心の初めに、朽ちかけたサン・ダミアノ聖堂の十字架から「わたしの家を建て直してほしい」という声を聞いたとき、彼は何のためらいもなく、その聖堂の修築に着手している。その後も、旅の途中で立ち寄った聖堂が汚れていると、直ちに掃除したと伝えられている。今、社会奉仕で炊き出しとか片づけに汗を流す修道者の姿はよく見かけるが、自らの生活する住居や聖堂を掃除する姿はほとんど見かけられない。ここに今のカトリック界のあり方が象徴されているようにも思える。

では、なぜカトリック界において修行離れが起きたのであろうか。その一つは、内田氏が指摘する作家司馬遼太郎の「修業嫌い」の原因として挙げておられることと似たようなことがあったと言えよう。それはどういうことか。次のように述べられている。

「司馬自身の戦中派としての、戦車隊の将校としての、軍隊経験と敗戦経験が深く影を落としているように私には思われる」（前掲書、二〇三頁）。

「司馬自身も、兵士たるべき訓練において、無数のあきらかに無意味なことをさせられたはずである。それに彼が抗命しなかったのは、抗命もまた同じように無意味だったからである。ことの条理を問うことがゆるされず、上官から受ける不条理な処罰を適切に回避することだけが、唯一合理的な行動基準であるような過酷な身体訓練を長期にわたって受けた陸軍兵士としての経験が、司馬の中に、非合理的な身体訓練に対する憎しみに近い反感を醸成したのではないか。そこから司馬遼太郎の『修業嫌い』という無意識的な傾向が生まれたのではないか。私はそんなふうに想像する」（二〇四頁）

第二ヴァティカン公会議前の修道院での養成にも似たようなことがあったと思う。もちろん、よく言われたことであったが、「キャベツを逆さに」つまり、根を上にして「植えよ」と言われたとか、土手に連れて行かれて、「土を削って階段を作れ」と言われ、できあがると「元に戻せ」と言われたとかいう話が伝わっている。似たような事例はおそらく誰もが体験したのであろう。これを自分を殺す一手段として受入れるか、ただ黙して耐えねばならない非条理な命令と取るかに分かれるところであろう。第二ヴァティカン公会議後、このような箍が外れてしまったと言えるのではなかろうか。

第一部でごくその一部を紹介したにすぎないが、かつてのカトリック界には内田氏の言う「『霊的な意味での成人になること』と『幽かなシグナルを感知し、適切に対応する能力を涵養すること』を目的」とするプログラムはあったと言えよう。それは修徳論のみならず、カトリック教会の宝とも言うべき秘跡、特にエウカリスティアである。確かに、現代化する必要はあろうが、今こそ、伝統的な禁欲の手段のみならず修徳・修行の方法を再発見する必要があるのではないだろうか。

文献案内

原典邦訳（五十音順）

アウグスティヌス（三五四―四三〇年）

『告白録』宮谷宣史訳＝『アウグスティヌス著作集5-1』教文館、一九九三年。

『信仰・希望・愛』赤木善光訳＝『アウグスティヌス著作集4』教文館、一九七九年。

『キリストの恩恵と原罪』金子晴勇訳＝『アウグスティヌス著作集29』教文館、一九九九年。

『ユリアヌス駁論』金子晴勇訳＝『アウグスティヌス著作集30』教文館、二〇〇二年。

アタナシオス（二九五―三七三年）

『アントニオス伝』小高毅訳＝『中世思想原典集成1』平凡社、一九九五年。

アンブロシウス（三四〇―三九七年）

『秘跡』熊谷賢二訳、創文社、一九六三年。

イグナティウス［ロヨラの］（一四九一―一五五六年）

『霊操』霊操刊行会訳、エンデルレ書店、一九五六年／ホセ・ミゲル・バラ訳、新世社、一九八六年／門脇佳吉訳、岩波書店、一九九五年。

『ある巡礼者の物語』A・エバンヘリスタ、佐々木孝訳、中央出版社、一九八〇年／門脇佳吉訳、岩波文庫、二〇〇〇年。

オリゲネス（一八五―二五四年）

『民数記第二七講話』小高毅訳＝『中世思想原典集成1』平凡社、一九九五年。

『雅歌注解・講話』小高毅訳、創文社、一九八二年。
『諸原理について』小高毅訳、創文社、一九七八年。
キプリアヌス（二一〇—二五八年）
『主の祈り』吉田聖訳＝『南山神学』11、一九八八年。
キュリロス［エルサレムの］（三一五—三八六年）
『教理講話』G・ネラン、川添利秋訳＝『ろごすXII 洗礼式』紀伊国屋書店、一九六五年。
グレゴリウス一世（五四〇頃—六〇四年）
『対話』矢内義顕訳＝『中世思想原典集成5』平凡社、一九九三年。
クレメンス［アレクサンドリアの］（一五〇頃—二一一／一五年）
『パイダゴーゴス』（教導）秋山学訳（第一巻・第二巻＝『文藝言語研究 文藝篇』59号、二〇一一年／第三巻＝『古典古代学』3号、二〇一〇年）
クレメンス［ローマの］（三〇—一〇一年頃）
『コリントのキリスト者へ（1）』小河陽訳＝荒井献編『使徒教父文書』講談社文芸文庫、一九九八年。
ジュリアン［ノリッジの］（一三四二—一四一六年以降）
『神の愛の啓示』（短編テキスト）川中なほ子訳＝『中世思想原典集成15』平凡社、二〇〇二年／（長編テキスト）亀田政則訳＝『日本カトリック神学会誌』8、一九九七年。
スルピキウス・セウェルス（三六三—四二〇年）
『マルティヌス伝』橋本龍幸訳＝『中世思想原典集成4』平凡社、一九九九年。
テレサ［アビラの］（一五一五—一五八二年）

『自叙伝』東京女子カルメル会訳、サンパウロ、一九六〇年。
『完徳の道』東京女子カルメル会訳、ドン・ボスコ社、一九六八年。
『霊魂の城』東京女子カルメル会訳、ドン・ボスコ社、一九六六年。
テレーズ［リジューの］（一八七三―一八九七年）
『幼いイエスの聖テレーズ自叙伝――その三つの原稿』伊従信子訳、ドン・ボスコ社、一九六二年／一九九六年。
トマス［チェラノの］（一一八五―一二六〇年）
『聖フランシスコの第一伝記』石井健吾訳、あかし書房、一九八九年。
『聖フランシスコの第二伝記』小平正寿、F・ゲング訳、あかし書房、一九九二年。
フーゴー［サン・ヴィクトルの］（一一四一年没）
『ノアの神秘的箱舟』田子多津子訳＝『キリスト教神秘主義著作集3』教文館、二〇〇〇年。
フランソア・ド・サル［フランシスコ・サレジオ］（一五六七―一六二二年）
『信心生活の入門』戸塚文卿訳、中央出版社、一九三一年。
ベルナルドゥス［クレルヴォーの］（一〇九〇頃―一一五三年）
『雅歌について』（全四巻）山下房三郎訳、あかし書房、一九七七―九六年。
ボナヴェントゥラ（一二一七―一二七四年）
『聖フランシスコ大伝記』宮沢邦子訳、あかし書房、一九八一年。
『魂の神への道程』長倉久子訳、創文社、一九九三年。
『三様の道』小高毅訳＝『観想の道』サンパウロ、二〇〇四年。
『生命の完成』小高毅訳＝『観想の道』サンパウロ、二〇〇四年。

『生命の樹』小高毅訳＝『愛の観想』あかし書房、二〇〇二年。

『神秘の葡萄の樹』小高毅訳＝『愛の観想』あかし書房、二〇〇二年。


マルミオン〔ドン・コルンバ〕（一八五八―一九二三年）

『キリストの玄義を生く』山下房三郎訳、ドン・ボスコ社、一九五〇年。

『キリストの奥義を生きる』山下房三郎訳、ドン・ボスコ社、一九六七年。

『修道者の理想なるキリスト』山下房三郎訳、ドン・ボスコ社、一九五二年／一九六八年。

『霊魂の生命なるキリスト』深堀仙右衛門訳、ドン・ボスコ社、一九五三年。

ヤコブス〔ヴァラッツェの〕（一二二八／二九―一二九八年）
『黄金伝説』（全四巻）前田敬作ほか訳、人文書院、一九七九―一九八七年。

ヨハネ〔十字架の〕（一五四二―一五九一年）

『カルメル山登攀』奥村一郎訳、ドン・ボスコ社、一九六七年。

『暗夜』山口・女子カルメル会改訳、ドン・ボスコ社、一九八七年。

『霊の賛歌』東京女子カルメル会訳、ドン・ボスコ社、一九六三年。

『愛の生ける炎』ペドロ・アルペ、井上郁二訳／山口女子カルメル会改訳、ドン・ボスコ社、一九八五年。

ライモンド・ダ・カプア（一三九九年没）
『シエナの聖カタリナ』岳野慶作訳、中央出版社、一九九一年。

リカルドゥス〔サン・ヴィクトルの〕（一一七三年没）
『小ベニヤミン』石井雅之訳＝『キリスト教神秘主義著作集3』教文館、二〇〇〇年。
『大ベニヤミン』泉治典訳＝『中世思想原典集成9』平凡社、一九九六年。

『三位一体論』小高毅訳＝『中世思想原典集成9』平凡社、一九九六年。

著者不明
『完全な鑑』石井健吾訳、あかし書房、二〇〇五年。

『キリストにならって』荻原晃訳、サンパウロ、一九五九年／21刷＝二〇〇九年。

『聖フランシスコの小さき花』石井健吾訳、聖母文庫、一九九四年。

『聖フランシスコの小さき花・続』石井健吾訳、聖母文庫、一九九五年。

『ペルペトゥアとフェリキタスの殉教』＝『キリスト教教父著作集 22 殉教者行伝』土岐正策、土岐健治訳、教文館、一九九〇年。

『ヘルマスの牧者』荒井献訳＝荒井献編『使徒教父文書』講談社文芸文庫、一九九八年。

参考文献（五十音順）

有賀鐵太郎『オリゲネス研究』創文社、一九八一年。

岩島忠彦『カトリック新聞』二〇一二年五月一三日号。

内田樹『修業論』光文社新書、二〇一三年。

大貫隆訳著『グノーシスの神話』岩波書店、一九九九年。

カスパー（W・）『イエズスはキリストである――現代カトリックキリスト論概説』犬飼政一訳、あかし書房、一九七八年。

ゲーパルト（リゼット・）『現代日本のスピリチュアリティ――文学・思想にみる新霊性文化』深澤英隆・飛鳥井雅友訳、岩波書店、二〇一三年。

玄侑宗久・鈴木秀子『仏教・キリスト教 死に方・生き方』ＰＨＰ文庫、二〇一三年。

ゴルレ（G・）、バルビエ（J・）編著『マザー・テレサ 愛を語る』支倉寿子訳、日本教文社、一九八二年。

コンガール『わたしは聖霊を信じる』全3巻、小高毅訳、サンパウロ、一九九五―九六年。

シュラキ（アンドレ・）『図説 大聖書4』講談社、一九八一年。

ゼレ（D・）『働くことと愛すること』関正勝訳、日本基督教団出版局、一九八八年。

――『神を考える』三鼓秋子訳、新教出版社、一九九六年。

デュルエル（F・X・）『キリストの復活』及川暎子訳、南窓社、一九七五年。

バークレー（W・）『新約聖書ギリシア語精解』滝沢陽一訳、日本基督教団出版局、一九七〇年。

バルトリ（マルコ・）『聖クララ伝――沈黙と記憶のはざまで』アルフォンソ・プポ、宮本順子訳、サンパウロ、二〇〇八年。

ヒルシュベルガー『西洋哲学史Ｉ古代』高橋憲一訳、理想社、一九六七年。

ブイエ（ルイス・）『キリスト教神秘思想史1』大森正樹ほか訳、平凡社、一九九六年。

ベネディクト十六世『教父』カトリック中央協議会司教協議会秘書室研究企画訳、カトリック中央協議会、二〇〇九年。

――『自発教令 信仰の門――「信仰年」開催の告示』カトリック中央協議会司教協議会秘書室研究企画訳、カトリック中央協議会、二〇一二年。

――『使徒的勧告 主のことば』カトリック中央協議会司教協議会秘書室研究企画訳、カトリック中央協議会、二〇一二年。

ヘーリング（ベルンハルト・）『キリストにおける性の解放』八城圀衛訳、中央出版社、一九八九年。

ベルグソン（H・）『宗教と道徳の二源泉』平山高次訳、岩波文庫、一九五三年／一九六七年。

ベルジャエフ『孤独と愛と社会』氷上英廣訳、白水社、一九七五年／一九八二年。

ボンヘッファー（D・）『ボンヘッファー選集Ⅶ キリスト論』村上伸訳、新教出版社、一九六六年。

松見俊『三位一体論的神学の可能性——あるべき「社会」のモデルとしての三一神』新教出版社、二〇〇七年。

マトゥーラ（タデエ・）『フランシスコ、霊性の教師』小西広志訳、教友社、二〇〇九年。

——「一九七六年アシジでの総集会での講話」

モルトマン（J・）『組織神学論叢3 イエス・キリストの道』蓮見和男訳、新教出版社、一九九二年。

ヨハネ・パウロ二世『教皇ヨハネ・パウロ二世使徒的勧告 奉献生活』宮越俊光、北村正之訳、カトリック中央協議会、一九九六年。

——『教皇ヨハネ・パウロ二世使徒的書簡 おとめマリアのロザリオ』岩本潤一訳、カトリック中央協議会、二〇〇三年。

ラッチンガー（J・）『キリスト教入門』小林珍雄訳、エンデルレ書店、一九七三年。

ラーナー（カール・）『キリスト教とは何か——現代カトリック神学基礎論』百瀬文晃訳、エンデルレ書店、一九八一年。

リーゼンフーバー（K・）「監修者あとがき」＝ルイ・ブイエ『キリスト教神秘思想史1』平凡社、一九九六年。

リュバク（アンリ・ド・）『カトリシズム——キリスト教信仰の社会的展望』小高毅訳、エンデルレ書店、一九八九年。

ルドルフ（クルト・）『グノーシス——古代末期の一宗教の本質と歴史』大貫隆・入江良平・筒井賢治訳、岩波書店、二〇〇一年。

Boff, Leonardo, *Liberating Grace*, translated by J. Drury (New York: Orbis Books, 1979).

____, *Trinity and Society*, translated by Paul Burns (New York: Orbis Books, 1988).

____, *Holy Trinity, Perfect Community*, translated by Ph. Berryman (New York: Orbis Books, 2000).

Clarke, Norris, 'A New Look at the Immutability of God' in *God Knowable and Unknowable*, edited by R. Roth (New York: Fordham University Press, 1973).

Crouzel, H. L.,'anthropologie d'Origène dans la perspective du combat spiritual' in *Revue d'Ascétique et Mystique* 31 (1955).

Hunt, Anne, *Trinity and Paschal Mystery: A Development in Recent Catholic Theology* (Minnesota: Michael Glazier, 1997).

Moltmann, J., *In der Geschichte des dreieinigen Gottes: Beiträge zur trinitarischen Theologie* (München: Chr. Kaiser, 1991)=*History and the Triune God: Contributions to Trinitarian Theology*, transl. by John Bowden (New York: Crossroad Pub. Co., 1992).

O'Donnell, John, *The Mystery of the Triune God* (London: Paulist Press, 1988).

カトリック中央協議会『カトリック要理』中央出版社、一九五五年／一九六五年。

X・レオン・デュフール編『聖書思想事典』Z・イエール監訳、三省堂、一九七三年。

デンツィンガー・シェーンメッツァー編『改訂版 カトリック教会文書資料集』浜寛五郎訳、エンデルレ書店、一九八二年。

高橋虔、B・シュナイダー監修『新共同訳新約聖書注解Ⅱ』日本基督教団出版局、一九九一年。

学校法人 上智学院 新カトリック大事典編纂委員会『新カトリック大事典』Ⅰ―Ⅳ、研究社、一九九六―二〇〇九年。

日本カトリック司教協議会教理委員会『カトリック教会のカテキズム』カトリック中央協議会、二〇〇二年。

『第二バチカン公会議公文書――改訂公式訳』第二バチカン公会議文書公式訳改訂特別委員会監訳、カトリック中央協議会、二〇一三年。

聖書の引用は『原文校訂による口語訳 聖書』（フランシスコ会聖書研究所訳注、サンパウロ、二〇一三年）による。

なお、引用文中の「イエズス」の表記は「イエス」に統一させていただいた。

あとがき

本書が執筆されたのはまったく偶然なことによる。それはある書評を執筆した折に、教文館の渡部満氏に、「ではご自身の霊性についての思いを書かれたらいかがですか」というお誘いであった。このお誘いがなければ、本書のようなものを書き上げることなど思いもよらぬことであった。というのも、カトリック神学において、今では定着している「霊性神学」という科目を専門的に学んだわけでもなく、自分の信仰生活の現実を振り返っても、霊性について何か語れるとは思いもしなかったからである。ためらいはあったものの本書を執筆する気になったのは、序論で、そして第二部でも述べたように、第二ヴァティカン公会議という未曾有の出来事を体験した者として、その体験の記録を残しておくことも意味のあることではないか、と考えたことである。その意味で、慧眼の読者に「何だ、読書日記じゃないか」と指摘されても仕方ないものと自覚している。確かに、特に、第一部で取り上げた書のほとんどが、今までの人生のどこかの時点で読んだものである。それらを整理しつつ、自分は何を求め、どう生きてきたのか問い直してみるにはいい機会であると思ったのである。そして、その答えは、「生きてきた」というよりも、「生かされてきた」のだという思いである。「生かされている」。「イエスの十字架の死によって生かされている」。それに応えるのがキリスト者の信仰生活であり、霊的生活であると言わねばならない。同じ時代を生きた方々が、本書を通して、ご自身の信仰生活を振り返る機会となればと願うとともに、第二ヴァティカン公会議後の世代の方々には、このような変遷があったのだということを知る機会になればと願っている。

振り返ってみると、キリスト者として生を受けて半世紀が経った時点で、このような書を書く機会が与えられたこと、そして執筆の過程で励ましのお言葉を送ってくださった渡部氏に心より感謝する次第である。

[著者紹介]

小高 毅（おだか・たけし）

1942年　京城（ソウル）に生まれる。
1975年　カトリック司祭に叙階。
1978–80年　ローマ，アウグスティニアヌム教父研究所に学ぶ。
1984年３月　上智大学大学院博士課程修了，神学博士号取得。
現在　聖アントニオ神学院教授（組織神学・教父学）。

著書
『古代キリスト教思想家の世界』『オリゲネス』（以上ともに，創文社，1984），『オリゲネス』（清水書院，1992），『よくわかるカトリック』（教文館，2002），『クレド〈わたしは信じます〉』（教友社，2010）

訳書
オリゲネス『諸原理について』（1978），『ヨハネによる福音注解』（1984），『祈りについて・殉教の勧め』（1985），『ヘラクレイデスとの対話』（1986），『ローマの信徒への手紙注解』（1990），『雅歌注解・講話』（1992），以上ともに創文社より刊行。
アンリ・ド・リュバク『カトリシズム』（エンデルレ書店，1989）
アタナシオス／ディデュモス『聖霊論』（創文社，1992）
J．メイエンドルフ『東方キリスト教思想におけるキリスト』（教文館，1995）
イヴ・コンガール『わたしは聖霊を信じる』（全３巻，サン・パウロ，1995–96）

編書
『原典古代キリスト教思想史』（１－３，1999–2001），『シリーズ・世界の説教 古代教会の説教』（2012），以上ともに教文館より刊行。

霊性神学入門

2015年11月25日　初版発行

著　者　小高　毅
発行者　渡部　満
発行所　株式会社　教文館
〒104-0061　東京都中央区銀座4-5-1
電話 03(3561)5549　FAX 03(3260)5107
URL　http://www.kyobunkwan.co.jp/publishing/

印刷所　シナノ書籍印刷
配給元　日キ販　〒162-0814　東京都新宿区新小川町9-1
電話 03(3260)5670　FAX 03(3260)5637

ISBN978-4-7642-6998-9　Printed in Japan